Elke Tesche

COUNT.DOWN.UNDER

Ausstieg auf Zeit – Eine Reise alleine ans andere Ende der Welt

„Für meine Mutter,
die mich lieber zu Hause als in fernen Ländern sieht und
sich trotzdem für mich freuen kann.

Für meinen Vater,
der mich erfolgreich mit dem Australien-Virus infiziert hat.

Für Stefan,
der mich bei allem, was ich mit meinem Leben anfange,
versteht und bedingungslos unterstützt."

IMPRESSUM
Count.Down.Under
Ausstieg auf Zeit – Eine Reise alleine ans andere Ende der Welt
Elke Tesche

Bibliografische Information der Deutschen Bibliothek
Die Deutsche Bibliothek verzeichnet diese Publikation in der deutschen Nationalbibliografie.
Detaillierte bibliografische Daten sind im Internet über http://dnb.ddb.de abrufbar

Der Inhalt des Werkes wurde sorgfältig recherchiert, ist jedoch teilweise der Subjektivität
unterworfen und bleibt ohne Gewähr für Richtigkeit, Vollständigkeit und Aktualität.

Redaktion und Lektorat: Andreas Walter

Satz und Layout: Serpil Sevim

Gedruckt und gebunden:
Westmünsterland Druck GmbH & Co. KG I van-Delden-Str. 6-8 I 48683 Ahaus
www.lensing-druck.de

Bildnachweis:
Alle Fotos stammen von der Autorin Elke Tesche, außer Coverbild
unten (Fotograf: Jörg Heidan).

ISBN: 978-3-9815717-6-9
Hergestellt in Deutschland

www.360grad-medien.de

Elke Tesche

COUNT.DOWN.UNDER

Ausstieg auf Zeit – Eine Reise alleine ans andere Ende der Welt

15.03.14

Viel Vergnügen!

Elke Tesche

360° medien
mettmann

Inhaltsverzeichnis

Darwin

NORTHERN
TERRITORY

WESTERN
AUSTRALIA

------ Zugfah
—— Flüge
—— Tourer
—— Busfah

500 km

Cairns
Ziel

Fraser Island

e Springs

QUEENSLAND

Brisbane
Start

SOUTH
STRALIA

NEW
SOUTH
WALES

Broken Hill

Sydney

Adelaide

Canberra

Kangaroo Island

VICTORIA

Melbourne

Phillip Island

Prolog

Reisen ist schrecklich. Koffer packen, schwere Fracht. Ständig umziehen, sich immer wieder an fremde Betten gewöhnen. Sich an jedem Ort orientieren. Gewohnheiten, gerade lieb gewonnen, wieder aufgeben. Neu justieren. Klimawechsel, von feuchter Hitze zu trockener Kälte und zurück. Andere Zeitzone, Überblick verlieren. Ein Overkill an Eindrücken, die Erlebnisdichte erdrückt. Begegnungen mit zu vielen unterschiedlichen Menschen, Sprachen, Eigenarten. Sagen die einen.

Reisen ist großartig. Nur das Nötigste im Gepäck, lässt sich die neue Leichtigkeit genießen. Wechselnde Quartiere verhindern, dass man träge wird, sich breit macht in den vier Wänden. Neue Orte halten den Geist wach, schärfen Sinne und Aufmerksamkeit. Keine eingetretenen Pfade langweilen. Ah, endlich ein kühler Wind nach der tropischen Hitze! Abwechslung tut gut. Begegnungen mit anderen Kulturen bereichern, erweitern den Horizont, lehren Toleranz. In der Fremde begreifen wir, wie anders man das Leben anpacken kann. Sagen die anderen. Ihnen möchte ich mich anschließen.

Zeit für einen Szenenwechsel. Wenn nicht jetzt, wann dann? Ich ignoriere die besorgten Stimmen aus meinem Umfeld und in meinem Kopf und kündige meinen Job. Acht Wochen gönne ich mir am anderen Ende der Welt auf dem kleinsten Kontinent, Australien. Alleine, aber nicht einsam. Ohne Auto, aber dennoch mobil. Auch im Kopf. Der ist bekanntlich rund, damit das Denken die Richtung wechseln kann.

Mit neuem Reichtum gesegnet, kehre ich voller Dankbarkeit zurück. Die Schönheit dieses fernen Kontinents, der unerschütterliche Optimismus und Humor seiner Einwohner, die lebens- und liebenswerten Städte und all die kuriosen Erlebnisse und Erfahrungen, die ich gierig in mich aufsog, haben mich reich gemacht. Meine Währungen sind kompatibel und stabil im Wert: eine beglückte Seele und heitere Gelassenheit.

Auf die Plätze, fertig, los!

Was unbedingt mit muss.

Auf die Plätze, fertig, los!

Eine packende Angelegenheit

Reisepass, Visum, Flugticket, Bargeld, Kreditkarte, Reiseliteratur, Laptop und Kamera. Mehr brauche ich nicht. Aber etwas hatte ich übersehen. Dann fiel es mir ein. Kleidung! Doch die wird total überschätzt. Deshalb habe ich sie auf ein Minimum reduziert. Wie soll ich sonst in den Genuss kommen, meine Sozialstudien in den wunderbaren Waschsalons dieser Welt zu betreiben?

Puh, geschafft. Ich habe (es) gepackt. Der große Rucksack bringt – trotz zweier üppiger Reiseführer – bescheidene zwölf Kilo auf die Waage. Es fehlt nur noch der Kulturbeutel. Aber der wird sicher nicht zum Schwergewicht mutieren. Mein kleiner Rucksack dient als Handgepäck. Er wiegt mit Laptop schlappe sechs Kilo. Beide Gepäckstücke sind also Lichtjahre vom Maximum entfernt. Ich muss schon sagen: ich bin verdammt stolz! Und überlege bereits, nach meiner Rückkehr eine Beratungsstelle für Reisegepäckoptimierung zu eröffnen. Einen Namen für mein Business habe ich schon. „Elkes Handtäschchen".

Der Startschuss

Montagmorgen. Außer mir macht sich heute noch eine weitere Elke auf den Weg in die Ferne. Gerne hätte ich mit ihr noch einen Kaffee am Flughafen Berlin-Tegel getrunken. Doch das fiel aus humanitären Gründen aus. Denn die Elke, die es nach Buenos Aires zieht, hebt schon kurz nach 6 Uhr ab. Und das ist für mich, die ich Australien im Sinn habe, dann doch entschieden zu früh. Beim nächsten Mal. Versprochen! So behält mein Lebensgefährte Stefan sein verdientes Exklusivrecht an mir und kann sich ungestört und ohne Publikum von mir verabschieden.

Berlin – Frankfurt. Ungefragt gönnt mir die Lufthansa einen Platz am Notausgang. So viel Bein kann ich gar nicht haben, wie ich hier ausstrecken könnte. Nun, es gibt härtere Schicksalsschläge. Überpünktlich landen wir in Frankfurt. Ich vertrödele die Zeit bis zu meinem Anschlussflug mit Auf- und Abwanderungen. Bei Zootieren nennt man so etwas Hospitalismus. Für mich muss erst noch ein passender Begriff gefunden werden.

Frankfurt – Hong Kong. Sicherheitscheck und Handgepäckkontrolle. Vor mir ist eine Gruppe von fünf aparten Asiatinnen dran. Sie sind spärlich, aber aufs Modischste gekleidet, dennoch artet die Chose in ein Desaster aus. Das Handgepäck jeder Einzelnen erreicht fast die Ausmaße meines eingecheckten Gepäcks. Es wird allerdings deutlich erleichtert: gleich literweise wandern flüssige Kosmetika in die Tonne. Die Mädels lachen und bedanken sich – gänzlich frei von Ironie – beim besorgten Servicemitarbeiter für Sicherheit. Eines der Mädels wird dann noch in eine separate Kabine beordert. Ihr Bügeleisen, das für einen Flug nach Hong Kong unerlässlich ist und deshalb auf gar keinen Fall im Handgepäck fehlen darf, muss sich ein paar gesonderten Checks unterziehen. Was auch immer darunter zu verstehen ist. Schnell flüstere ich dem gestressten Herrn vom Service zu, was Bügeleisen auf Englisch heißt und mache mich vom Acker. Mein Handgepäck bleibt unbeanstandet, was mich nach der Steilvorlage meiner asiatischen Mitreisenden nicht weiter verwundert.

It's boarding time. Eine freundliche Dame schnappt sich ihren Teil meiner Bordkarte. „Guten Flug! Ach nee, doch nicht." Sie bittet mich mit ernstem Blick zur Seite und teilt mir bekümmert mit, dass die Entertainment-Technik an meinem Sitzplatz ausgefallen ist. Sie möchte mir einen anderen Platz anbieten. Ich zögere. Hatte ich 66 K doch eigens schon beim Buchen des Fluges reserviert, da dieser sich in einer Zweierreihe am Fenster befindet, die zur Seite etwas „Auslauf" gewährt. „Aber Sie werden sich zwölf Stunden langweilen!", entgegnet sie entsetzt auf mein Nein. Und rückt erst dann mit der viel interessanteren Info raus: Der Sitz daneben ist frei und bietet somit ebenfalls unverhoffte Freiheit. Ich gebe nach. Wehe, die Filmauswahl ist schlecht.

Extrem freundliche asiatische Stewardessen geleiten mich charmant in den Flieger. Nur knapp allerdings entgehe ich dem ungeplanten Anschlag eines Mitreisenden, der allzu lässig seine Rollerskates über die Schulter schleudert. Unverletzt entere ich meinen Fensterplatz und stelle entzückt fest, dass Cathay Pacific nicht nur leere Nachbarplätze, sondern auch geschätzte zehn Zentimeter mehr Beinfreiheit gewährt als die Konkurrenz. Kleben meine Knie bei anderen Airlines fest am Vordersitz, halten sie hier komfortablen Abstand. Nein, mein Körper ist noch nicht geschrumpft. Dafür ist mein Gehirn zuständig, wenn es nicht genug Futter kriegt. Und à propos: mit dem vorbestellten vegetarischen Essen klappt auch alles. Irgendwie verdächtig.

Doch bevor ich mich dem süßen Nichtstun hingeben kann, lauert noch ein Verwaltungsakt auf mich. Zwei Zettelchen sind auszufüllen: Immigration card und ein Fragebogen zur Schweinegrippe. Ich muss detailliert angeben, wo ich in den nächsten sieben Tagen zu erreichen bin. Also krame ich umständlich die Unterlagen heraus. Auswendig kenne ich die Daten nicht. Noch nicht. Jedenfalls überbrücke ich sinnvoll die Zeit bis zum Abflug damit, Hoteladressen, Flugnummern etc. einzutragen. Der Start geht anschließend so pünktlich und unspektakulär über die Bühne wie der ganze Flug.

Hong Kong – Boxenstopp I

Kowloon Nathan Road

Hong Kong – Boxenstopp I

Kulturschock

Am frühen Morgen landen wir kurz nach 7 Uhr auf Lantau Island. Dort wurde vor ein paar Jahren Hong Kongs neuer Flughafen hingeklatscht. Seitdem ist auf diesem ehemals beschaulichen Fleckchen Erde ein klein wenig mehr los.

Nach einer unspektakulären Einreise wartet in der Ankunftshalle der Fahrer von Jetway Express auf mich und auf noch eine Handvoll anderer desorientierter Reisender. An dieser Stelle ist ein Geständnis fällig. Ich habe mir für meinen kurzen Zwischenstopp in Hong Kong entgegen sonstiger Gewohnheit ein Rundum-Sorglos-Paket gegönnt. Transfer von und zum Flughafen, zwei Hotelübernachtungen und eine halbtägige geführte Stadtrundfahrt. Dann habe ich schon mal den groben Überblick und kann mich am Ende der Reise genüsslich auf eigene Faust austoben. Denn dann stoppe ich wieder in Hong Kong. Ich habe das Vergnügen, vorne neben dem Fahrer sitzen zu dürfen. Für die erste Reihe brauche ich keine Öffentlich-Rechtlichen. Der Fahrer kämpft sich durch den morgendlichen Berufsverkehr, was uns Reisenden die Gelegenheit verschafft, uns in Ruhe das eine oder andere Faszinierende anzuschauen. Gigantische Wolkenkratzer vor bergiger, tropisch üppiger Naturkulisse, futuristische Autobahnbrücken, fremde Schriftzeichen auf den Straßenschildern, enge Straßenschluchten, ordentlich aufgereihte Handschuhe am Müllwagen – ich wünsche mir mehr als nur zwei Augen.

Im Hotel angekommen, ist mir das Glück hold. Mein Zimmer, das mir eigentlich erst ab dem Nachmittag zusteht, ist schon fertig. Es ist erst kurz nach 9 Uhr, und der ganze Tag liegt mir zu Füßen. Das tut sonst niemand. Ich werfe meine Habe ins Zimmer und stürze mich nach Dusche und Klamottenwechsel ins Unbekannte. Denn wenn ich mich jetzt frei nach dem Motto „Nur ein paar Minütchen" hinlege, dann bin ich geliefert, falle ins Koma und finde nicht rechtzeitig in den neuen Schlafrhythmus. Endlich bin ich Ihnen einmal voraus – wenn auch nur um sechs Stunden. Doch das wird noch besser, wenn ich erst in Australien bin.

Mit Schirm, Charme und ohne Melone

Ich trete auf die Straße. Das Wetter klatscht mir hart und unerbittlich wie eine Ohrfeige ins Gesicht. Die

Temperaturen um 35 Grad herum könnte ich ertragen. Wäre da nur nicht diese brutale Luftfeuchtigkeit. Gefühlte 150 Prozent. Mindestens.

Ich wohne im Herzen Kowloons. Hier ist der Kaufrausch zu Hause: in allen Preisklassen. Auf der Nathan Road werde ich alle zwei Meter von Typen angequatscht, die mir billige Uhrenimitate andrehen oder mich in irgendwelche Läden lotsen wollen. Den ersten gönne ich noch ein freundliches Kopfschütteln. Die anderen werden Opfer meiner Arroganz. Ich ignoriere sie. Weil mir das Gelaber auf die Nerven geht. Weil ich müde und schon wieder hungrig bin – Frühstück gab es im Flieger heute Morgen schon um 5 Uhr. Weil ich hin- und hergerissen bin mit meinen Eindrücken von Hong Kong. Einerseits die traumhafte Lage am Meer, die beeindruckende Hochhauskulisse von Hong Kong Island, die trotz Gewusel und Enge gelassenen Menschen. Andererseits die stickige Luft, die vielen heruntergekommenen Ecken, die vollgestopfte Enge, der Leuchtreklamen-Overkill. Faszinierend und widersprüchlich zugleich.

Aber ich hüte mich, nach einem Tag ein Urteil zu fällen. Ich muss eine Nacht darüber schlafen und mir morgen den anderen interessanten Teil dieser Stadt, Hong Kong Island, ansehen. Am späten Nachmittag bin ich endgültig platt. Die lange Anreise, Schlafmangel, Hitzekeule und Jetlag schlagen zu. Bevor ich jedoch ins Hotel zurückkehre, treibt mich die Neugier in die nahe gelegene Temple Street. Ab 18 Uhr verwandelt sich diese tagsüber recht unscheinbare Gasse in einen lebhaften Nachtmarkt. Wer sich für Textilien, Leder- und Elektronikwaren interessiert, feilscht hier, was das Zeug hält.

Hoch oben auf dem Dach im 21. Stockwerk hat mein Hotel einen kleinen, aber feinen Swimmingpool. Ich werde mit einem exklusiven Ausblick auf die Stadt belohnt. Ich habe den Pool für mich alleine und ziehe genüsslich ein paar Bahnen. Feierabend.

Geschäftigkeit meets Gelassenheit

Der Tag heute wird kurz werden. So ist das, wenn man erst um 11 Uhr aufwacht und sich in einer Stadt befindet, die knapp nach 18 Uhr in eine sehr kurze Dämmerung verfällt, die sich wiederum noch vor 19 Uhr in Dunkelheit verwandelt. Wunderbar ausgeschlafen begebe ich mich in den Untergrund. Ich finde es immer wieder aufregend, in fremden Städten mit der U-Bahn zu fahren. Hong Kong macht es der Fremden leicht. Alles Wissenswerte steht auch auf Englisch da, das Netz ist übersichtlich, die Ticketautomaten geradezu vorbildlich selbsterklärend. Ein Blick ins Portemonnaie allerdings verrät: kein Kleingeld für den Automaten. Den Fahrschein bekomme ich bestimmt auch beim einschlägigen Kundenservice ein paar Meter weiter. Oder aber auch nicht: der junge Mann am Schalter reicht mir freudestrahlend kein Ticket, sondern den Gegenwert meines Scheines in Münzen rüber. Für den Ticketautomaten. Nun, auch gut. Ich tue, was zu tun ist und nehme die nächste U-Bahn. Sie ist brechend voll, genau wie der Bahnsteig. Geschubse, Gedränge, Generve und Gemecker? Fehlanzeige. Völlig entspannt, ruhig und gelassen arrangieren sich die Leute mit der Situation. Ich bin beeindruckt.

Drei U-Bahn-Stationen weiter tauche ich wieder an der Oberfläche auf und befinde mich auf Hong Kong Island. Hier weht heute eine leichte Brise. Von frisch kann indes keine Rede sein. Es ist eher eine Art, hm, nennen wir es Föhn. Ich verdränge die feuchte Hitze aus meinem Bewusstsein und nehme meine Umgebung wahr. Was ich sehe, gefällt mir, sehr sogar. Um mich besser orientieren zu können, schlage ich den kürzesten Weg zum Fährhafen, dem Star Ferry Pier, ein. Da mir noch was an meinem Leben liegt, überquere ich die Connaught Road auf dem überdachten Hochweg für Fußgänger. Dort trotten Menschenmassen in aller Ruhe gemächlich vor sich hin. Asiatische Gelassenheit oder Kapitulation vor der Hitze? Vermutlich von beidem etwas. Ich jedenfalls, die ich die Berliner Hetze gewöhnt bin, finde das mehr als angenehm.

Am Hafen angekommen, gönne ich mir einen eisgekühlten Früchtepunsch – ohne Alkohol. Nachdem der Flüssigkeitsverlust ausgeglichen ist, schaue ich mich in aller Ruhe um. Vor der spektakulären Skyline im Hintergrund ist eine riesige Baustelle. Die Krandichte erreicht in etwa die Größenordnung des Berliner Potsdamer Platzes vor zehn Jahren oder die der Hafencity in Hamburg aktuell. Ich bin schon gespannt, was mich erwartet, wenn ich beim nächsten Mal hierher zurückkehre. Nein, ich meine nicht den Stopp auf dem Rückflug von Australien Ende Oktober.

Statue Square

Gedankenverloren werfe ich einen Blick in mein Portemonnaie, um die Finanzlage zu überprüfen. Noch 1200 Hong Kong Dollar. Das macht rund 120 Euro in vielen bunten Scheinen. Denn Scheine gleichen Wertes sehen nicht unbedingt identisch aus: gleich drei Banken geben sie heraus und gestalten sie mit unterschiedlichen Motiven. Farblich ähneln sie sich. Die Größe der Scheine ist identisch. Immerhin.

Über die besagte Fußgängerbrücke begebe ich mich zurück ins Epizentrum des Geldes. Man gelangt mehr oder weniger zwangsläufig in diverse Nobel-Shopping-Malls, die geschickt ineinander übergehen und auf Namen wie Alexandra House, The Landmark und Prince's Building hören. In unmittelbarer Nachbarschaft liegt eine berühmte Nobelherberge, das Mandarin Oriental Hotel. Mit kurzen Hosen, bequemen Sandalen, ärmellosem T-Shirt, Piratentuch auf dem Kopf (Devise „Rettet die Kopfhaut") und lässig hochgesteckter Sonnenbrille betrete ich die Hotellobby. Ich belasse es bei einem kurzen Rundumblick und verlasse die edle Stätte gleich wieder. Denn es ist zu befürchten, dass die Übernachtungspreise mein Budget geringfügig übersteigen. Dies gilt sicher auch für die Anforderungen an ein angemessenes Outfit.

Pause auf dem Statue Square. Ich packe Laptop und Headset aus und skype eine Runde mit Stefan, meinem in Berlin zurück gelassenen Lebensgefährten. Denn genialer Weise bietet die Stadt hier auf diesem Platz kostenlosen Internetzugang an. E-Mails checke ich bei der Gelegenheit auch noch. Großartig! Und wenn wir gerade dabei sind: auch Starbucks bietet kostenloses WLAN, begrenzt auf 20 Minuten, was ich bereits gestern getestet habe. Dazu muss man nur die üblichen Geschäftsbedingungen mit einem Klick bestätigen. Zwar war alles auf Chinesisch – keine Ahnung, was ich da alles akzeptiert

Komplizierte E-Mail-Adresse

habe – aber die nette Bedienung, die mir alles erklärte, schien so vertrauenswürdig. Die wenigen Internet-Cafés, die ich bisher wahrgenommen habe, hatten kein WLAN, sondern lediglich ihre eigenen Rechner, auf denen sie „verkabeltes" Internet anbieten.

Während ich mit Stefan plaudere, gesellt sich eine kostümierte Dame zu mir auf die Bank. Als die Platzwächterin, Schaffnerin oder Polizistin registriert, was ich da tue, bricht sie in Begeisterungsstürme aus. Erst recht, als ich den Laptop zu ihr hindrehe und sie sich selbst sehen kann. Und Stefan, der zur allgemeinen Erheiterung den berufstypischen Mundschutz hochzieht und gespielt erschrocken schaut. Ich rede mit ihr Englisch, sie mit mir Chinesisch. Kantonesisch oder Mandarin? Ich weiß es nicht. Keine versteht die andere, aber wir lachen herzlich und scherzen gestenreich miteinander. Sehr kurzweilig und amüsant! Fast hätte ich meinen Gesprächspartner am anderen Ende der Welt vergessen.

Anschließend werfe ich einen kurzen Blick ins sehenswerte Foyer der Zentrale der Hong Kong & Shanghai Banking Corporation. Mit freundlicher Genehmigung des Wachpersonals darf ich auch ein Foto schießen. Dieses laut Reiseführer teuerste Gebäude der Stadt wurde von Sir Norman Foster in Brückenbautechnik konstruiert. Die Innenansicht ist wirklich beeindruckend! Wieder draußen im Freien, schlendere ich vorbei an St. John's Cathedral, der vermutlich ältesten anglikanischen Kirche Ostasiens und erklimme keuchend (das Klima!) die ansteigende Straße. Im idyllischen Hong Kong Park, ebenfalls in konsequenter Hanglage, erhole ich mich soweit wie möglich. Erschöpft kehre ich nach diesem intensiven Tag ins Hotel zurück. Schluss. Punkt.

Stadt.Rund.Fahrt – Unterhaltung auf Rädern

Der Tag fängt mit einer kleinen Schrecksekunde an. Beim Auschecken kündige ich vorsorglich an, dass ich bei meiner Rückkehr in dieses Hotel Ende Oktober recht spät abends ankommen werde. Die Dame an der Rezeption findet partout meine Buchung nicht in ihrem System. Wäre schon ärgerlich, denn gezahlt hatte ich vorab. Am Ende stellt sich heraus, dass sie beim Suchen meinen Vor- mit dem Nachnamen verwechselt hat. Alles in Butter!

9:30 Uhr. Ich werde zusammen mit einer Handvoll weiterer Touristen zur fünfstündigen Stadtrundfahrt abgeholt, die in meinem Rundum-Sorglos-Paket enthalten ist. Und genau hier beginnt das Problem. Wenn ich an dieser Stelle über alles berichte, was wir gesehen und vor allem gehört haben, wird aus diesem Kapitel ein eigener Reiseführer. Deshalb entscheide ich mich für die Rubrik „Was Sie immer schon über Hong Kong wissen wollten, aber noch nie zu fragen wagten". Die seriösen touristischen Fakten weise ich in die Schranken von drei, vier Sätzen. Denken Sie aber bitte nicht, ich hätte nicht aufgepasst!

Wir absolvieren die Hong Kong Island Tour: Nach dem obligatorischen Stopp am Fährhafen besuchen wir Repulse Bay, einen populären Strand mit der riesigen Statue der Meeresgöttin Tin Hau und werfen einen Blick auf die Hausboote der Fischer im Taifun-Schutzhafen Aberdeens. Dort schippern wir auch eine halbe Stunde mit einem Sampan herum. Nicht fehlen darf natürlich ein Ausflug auf den Peak, dem 550 Meter über dem Meeresspiegel gelegenen Wahrzeichen Hong Kongs, von dem aus man einen fantastischen Blick auf die Insel, den Hafen und Kowloon werfen kann; auch wenn es heute etwas diesig ist. Und jetzt ist Schluss mit den touristischen Fakten.

Her mit dem Soziokulturellen! Unser Reiseleiter ist Vincent, ein Chinese aus Hong Kong, der sechs Jahre in Berlin gelebt hat und fließend Deutsch spricht. Um es vorweg zu nehmen: Sein bissiger Humor und sein starker Hang zur

Ironie machen diese Tour zum absoluten Vergnügen. Dank des Mikrofons kommt auch der kleinste Wortwitz an. Was nicht selbstverständlich ist, sitzen doch im hinteren Teil des Kleinbusses noch je zwei Italiener und zwei Amerikaner mit je einem Stadtführer, der in ihrer Muttersprache mit ihnen kommuniziert. Hintergrund dieser kuriosen Verdichtung von Gruppen: dem Veranstalter fiel heute Morgen aus technischen Gründen ein Kleinbus aus. Großes Sprach- und Stimmengewirr!

Jetzt zu unserem heutigen Schwerpunktthema: Wir könnten unbedenklich alles von den Straßenständen und Garküchen der Märkte essen, versichert Vincent. Vorausgesetzt, wir verlassen die Stadt noch am gleichen Tag, verschonen somit die Einwohner mit den Folgen und legen Wert darauf, im Flieger auf einem anderen Platz als gebucht gebettet zu werden. Erhöhte Aufmerksamkeit des Flugpersonals inklusive. Auch lernen wir, dass betuchte Russen sich gerne, wenn möglich auf dem Luftweg, bis aufs Hoteldach bringen lassen, es doch recht wenig Internet-Cafés gibt, da zu Hause jeder WLAN

Nicht mein Hotel

hat, die Neun für Chinesen eine Glückszahl ist, Fußgänger bestraft werden, wenn sie beim Überqueren der Straße bei roter Ampel erwischt werden, und die meisten Gerüste in der Stadt aus Bambus bestehen. Das Bautempo in der Stadt ist hoch. Alle drei Tage ist ein neues Stockwerk hochgezogen. Auch die horizontale Dimension kommt nicht zu kurz. Hong Kong wächst jedes Jahr um einen Quadratkilometer durch künstliche Aufschüttungen.

Eine gar wunderliche Geschichte weiß der eloquente Vincent von den Begleitumständen des Flughafenneubaus auf Lantau zu berichten. Tierschützer monierten, dass dort eine Froschart lebt, die es sonst nirgends gibt und die deshalb geschützt werden müsse. Den Neubau konnten sie damit nicht verhindern. Allerdings wurden die Tierchen weitgehend eingesammelt – und nach Australien verschifft. Nachdem der Flughafen eröffnet war, wurden trotzdem noch einzelne Frösche dort gefunden. Die Evakuierung war offenbar nicht vollständig erfolgt und somit nicht so verlaufen wie geplant. Das Ergebnis, warum auch immer: die Frösche wurden von Australien aus wieder nach Lantau zurückgeholt. Urlaub mit Rückkehrgarantie auf Staatskosten. Den Wahrheitsgehalt kann ich nicht überprüfen. Aber die Story ist gut – so oder so. Während

Vincent munter erzählt, passieren wir die riesige Baustelle auf Hong Kong Island, die mir schon gestern auffiel. Heute erfahre ich, dass hier Regierungsgebäude entstehen.

Auch die Zahlenkombination 18 ist bei den Chinesen beliebt. Bedeutet sie doch, dass Reichtum sich ganz sicher einstellt, vor allem dank der Acht. Vincent zufolge hat ein wohlhabender Herr wohl eine siebenstellige Summe dafür gezahlt, um die 18 als Autonummer zu bekommen.

Diese ultramoderne Stadt entledigt sich gerne ihrer alten Gebäude. 20 Jahre gelten als alt. Die Steigung zum Peak, von dem aus die berühmte Sicht auf Hong Kong möglich ist, beträgt satte 27 Grad. Laufen Sie die mal! Wir fahren jedenfalls mit dem Bus hoch. Der Anblick ist atemberaubend. Vincent liefert augenzwinkernd auch eine mehr als einleuchtende Erklärung, warum die Bewohner Hong Kongs eine der höchsten Lebenserwartungen weltweit aufweisen. Die Kosten für Erdbestattungen sind exorbitant hoch. Da braucht es ein Weilchen, bis man die Summe zusammengekratzt hat. Er murmelt etwas von 50 000 €. Es handelt sich hierbei jedoch quasi um einen Grundstückskauf. Man kann unbegrenzt liegen bzw. irgendwann jemand anderen dort betten. Andere begnügen sich mit einer Feuerbestattung. Das Sterben muss man sich erst mal leisten können.

In Hong Kong ist es seit Ende der 1960er-Jahre verboten, Hunde und Katzen zu verspeisen. Trotzdem sieht man wenig von diesen beiden Spezies im Straßenbild. Das liegt jedoch eher an den winzigen Wohnungen, die selbst den Menschen kaum Platz lassen – rund drei Quadratmeter pro Nase. Es soll auch Stadtteile geben, in denen Hunde gänzlich verboten sind.

Soziales und Steuern: Inländer müssen sich hier nicht krankenversichern. Bei Behandlungsbedarf zahlt man pauschal rund fünf Euro. Und wie wird die Chose finanziert? Über Steuern. Die Einkommensteuer steigt in Stufen an. Höchste Stufe: 15 Prozent. Damit ist die Krankenversorgung sicher nicht in trockenen Tüchern. Die Umsatzsteuer beträgt satte 0 Prozent. Mehr bringt da wohl die Gewerbesteuer – hier Unternehmensteuer genannt – mit zur Zeit 16,5 Prozent. Ganz zu schweigen von der Luxussteuer, die sich nun wirklich lohnt: 100 Prozent werden hier aufgeschlagen, zum Beispiel auf Autos. Ich rechne und denke darüber jetzt lieber nicht nach. Zahlenangaben ohne Gewähr.

Nahe der Repulse Bay steht ein berühmtes, nach Feng-Shui-Kriterien erbautes Haus mit einem riesigen Loch drin. Denn direkt hinter dem Haus erhebt sich ein Berg. Und in jedem Berg wohnt ein Drache. Drachen brauchen immer Meereszugang. Deshalb das Loch. Uns kann man wirklich alles erzählen. Immer gerne, wenn es unterhaltsam ist! In heiterer Stimmung verabschieden wir uns am Fährhafen von Kowloon. Ich lasse mich noch ein Weilchen ziellos durch die Straßen treiben. Auf dem Rückweg zum Hotel fängt es heftig zu regnen an. Die windige geht nahtlos in die stürmische Phase über und fordert ein erstes Opfer: meinen Schirm. Mehrere Stangen werden dermaßen zerfetzt, dass ich mich gezwungen sehe, ihn im nächsten Mülleimer zu bestatten. Um 20 Uhr werde ich zum Flughafen gebracht. Die Taifun-Warnstufe wurde im Laufe des Tages von 1 auf 3 hoch gesetzt. Es ist höchste Zeit, dass ich abreise.

Zwischen Kowloon und Hong Kong Island

Und wieder kommt es beim Sicherheitscheck des Handgepäcks zu zwei Slapstick-Einlagen. Ich fasse es nicht, erster Teil: ein Herr bringt es tatsächlich fertig, seinen aus allen Nähten platzenden Koffer als Handgepäck durchgehen zu lassen. Dummerweise scheitert er am Inhalt, der ausschließlich aus Nahrungsmitteln und Getränken besteht. Unter anderem ein Zehnerpack Fertigpudding (nicht die Pulverform!) und zwölf Dosen Bier kommen zum Vorschein. Ich fasse es nicht, zweiter Teil: nachdem das Handgepäck schon beim Sicherheitscheck auf Herz und Nieren geprüft wurde, ist beim Einstieg in den Flieger noch mal Handarbeit gefragt, im wahrsten Sinne des Wortes. Hier nennen sie es verharmlosend double check. Jedes, wirklich jedes Gepäckstück wird geöffnet, durchwühlt und teilweise ausgepackt. Mein Wasser, das ich mir extra NACH dem Sicherheitscheck für den Flug gekauft hatte, ist nun auch wieder weg. Der Verlust ist schnell verschmerzt, denn ich habe wiederum einen Premiumplatz in der Holzklasse, vornehm Economy genannt, abbekommen. Die erste Reihe mit jeder Menge Beinfreiheit wartet auf mich. Kurz vor Mitternacht heben wir ab in die stürmische Hong Konger Nacht Richtung Brisbane. Ich freue mich auf Australien!

Brisbane

Beach Life in der City

Brisbane

Heitere Gelassenheit

Wir schreiben den 11. September. Und dann diese beiden Hochhaustürme! Wir landen am späten Vormittag jedoch wie geplant auf dem Flughafen. Obwohl es mir dank der recht komfortablen Lage meines Sitzes gelungen ist, das eine oder andere Stündchen zu schlafen, bin ich doch etwas erschlagen. Drei Flüge in fünf Tagen, zwei davon über Nacht und Langstrecke zwischen acht und zwölf Stunden. Zu den sechs Stunden Zeitverschiebung in Hong Kong gesellen sich jetzt noch zwei in Brisbane dazu. Das Gröbste ist diesbezüglich nun aber geschafft. Wir sind pünktlich, die Einreise verläuft reibungslos und stressfrei, obwohl mein Visum mich als männlich ausweist. Mein Gepäck ist auch da. Alles paletti. Mit dem Bus gelange ich zügig zu meinem Hotel. Was ich im Vorbeifahren vom Stadtbild wahrnehme, gefällt mir. Die Sonne strahlt mich an und verwöhnt mich mit etwa 26 Grad bei geringer Luftfeuchtigkeit. Eine wahre Wohltat nach Hong Kongs Waschküchenklima bei 35 Grad. Ich bin eben mitteleuropäisch weichgespült.

Ich bleibe meinem Motto vom Beginn der Reise treu: bloß nicht hinlegen! Schnell die Sachen ins Hotelzimmer gepfeffert, meine unverzichtbaren Gerätschaften ans Stromnetz gehängt und ab ins Städtchen. Schon nach kurzer Zeit stelle ich fest, dass Brisbane, an der Ostküste Australiens im Bundesstaat Queensland gelegen, eine ideale Stadt zum Ankommen ist. Übersichtlich, beschaulich, nette Menschen, unaufgeregtes Ambiente und keine nennenswerten touristischen Pflichtaufgaben, die es unbedingt zu erfüllen gilt. Moderne Bauten schmiegen sich an alte, ohne dass es das Auge beleidigt. Es gibt viel Grün, nette Cafés am Flussufer und zahlreiche Plätze, auf denen es sich in aller Ruhe flanieren

In der Innenstadt von Brisbane

und abhängen lässt. Für mich ist es genau der richtige Ort zur richtigen Zeit. Ich bleibe entspannt im Hier und Jetzt und lebe in den Tag hinein. Erlebnisreiches kommt noch früh genug. Nämlich morgen.

Fraser Island – auf Sand gebaut

Ich habe bei einem lokalen Veranstalter eine Zweitagestour nach Fraser Island gebucht. Morgens um 7 Uhr starten wir am Brisbane Transfer Centre im rustikalen Jeep. Wir, das sind Joe, unser gut gelaunter Guide mit Nerven wie Drahtseil, Christian (schweigsam, zurückhaltend) aus Berlin sowie Claire (mit unheilbarem Sprechdurchfall) und Kevin (sympathischer Chaot, der schon nach dem Aufstehen den Überblick verliert), beide aus Paris. Ach ja, und ich bin natürlich auch dabei. Nach einem kurzen Zwischenstopp in Rainbow Beach, den wir nutzen, um zu Tanken und Verpflegung zu besorgen, landen wir nach einer halbstündigen Reise mit der Fähre auf Fraser Island.

Ich kann mir an dieser Stelle nicht verkneifen, eine Hand voll Fakten über diese gigantische Sandbank zum Besten zu geben. Dieses faszinierend schöne Fleckchen Erde ist mit 120 Kilometern Länge und 15 Kilometern Breite die größte Sandinsel der Welt und gehört zum Weltnaturerbe. Betrachtet man sie von der Küste aus, erscheint sie für einen Sandkasten viel zu grün und üppig. Ihr Ökosystem ist von geradezu unglaublicher Vielfalt. Sie ist von subtropischen Regen- und Mangrovenwäldern überzogen. Über 40 Süßwasserseen haben sich hier ihr Territorium erobert. Die Dünen ragen bis zu 220 Meter in die Höhe. Bunte Sandsteinformationen runden das Angebot ab.

Auch das Tierreich hat sich hier nicht lumpen lassen. Spinnen, Schlangen in jeweils giftigen und ungiftigen Varianten, Dingos – eine einheimische Wildhundeart – und unzählige Vogelarten mit teils abenteuerlichem Gesang sind hier die wahren Einheimischen. Im Ozean tummeln sich Wale, Delfine und Meeresschildkröten. Leider auch jede Menge Haie, weswegen ein Bad im Meer wahrlich nicht zur Debatte steht.

Kaum auf der Insel angekommen, heizt Joe mit 70 Stundenkilometern den Strand entlang. „Richtige" Straßen gibt es hier nicht. Zum Glück trennen einige Zentimeter das Autodach von unseren Schädeldecken. Sonst wäre ein Schädel-Hirn-Trauma vorprogrammiert. Aber auch so werden wir ordentlich durchgeschüttelt! Wir stoppen kurz im Dilli Eco Education Camp der Universität von Gold Beach, um unser Gepäck zu deponieren. Dort werden wir heute übernachten.

Dann brechen wir zu einem Spaziergang durch den Regenwald auf. Vorher füllen wir unsere Wasserflaschen mit Quellwasser, das, gefiltert durch die Sandschichten, besonders rein ist und wirklich köstlich schmeckt. Als Kontrastprogramm zeigt Joe uns das Netz einer extrem giftigen Spinne in einem Astloch. Also immer schöööön die Fingerchen draußen lassen. Und überhaupt ist es gesünder, in der freien Natur nichts anzufassen, immer brav auf den Wegen zu bleiben, die Gebüsch-Toilette nicht in Erwägung zu ziehen und die Augen aufzuhalten. Nicht so wie Claire, die die wunderschöne, mehrere Meter lange Schlange am Baum, den wir gerade passieren, übersieht, weil sie am Plappern ist. Ich entdecke das hübsche, reich verzierte Tier zuerst und muss zum Dank von nun an vorneweg stolpern. Denn unser Guide hat sich mittlerweile in den sicheren Wagen verzogen, um uns am anderen Ende des Weges abzuholen. Dort angekommen, empfängt er uns mit Heaviest Metal aus den Boxen.

Derart eingestimmt, machen wir uns auf zum Lake McKenzie, einem der wohl schönsten Süßwasserseen auf der Insel. Dankbar stürzen wir uns an diesem heißen Tag in die kühlen Fluten. Keine Haie, keine Seeschlangen, keine tödlichen Quallen. Nichts. Fast bin ich geneigt, zu sagen: langweilig. Danach geht's ab nach Hause ins Camp. Unsere heutige Tierausbeute: eine angeblich harmlose Schlange, eine lahme, riesige Wasserschildkröte und ein verschreckter Dingo.

Augen auf! Eine Schlange am Baum

Am Abend steht ein Barbecue auf dem Programm. Die Australier nennen es liebevoll „Barbie". Joe und sein Kollege, der sich mit seiner sechsköpfigen Reisegruppe zu uns gesellt, grillen Würstchen, Hamburger und Fisch. Dazu gibt es Salat und alles, was man braucht, um einen Hamburger zusammenzubasteln. Wir sind nun ein bunter und fröhlicher Haufen, der sich das leckere Essen in die hungrigen Mägen schaufelt. Zwölf Menschen aus fünf Nationen – zwei Australier, zwei Franzosen, zwei Dänen, drei Koreanerinnen und drei Deutsche – reden in wirrem Sprachengemisch durcheinander. Zum Essen genehmige ich mir mein erstes australisches Bier. Auf der Dosenrückseite des beliebten Tooheys steht am Ende des „Begleittextes" was von „lucky bastard". Nun, das ist nicht so böse gemeint wie es klingt. Hier ist vom Glückspilz die Rede.

Mit der Bierdose errege ich die Aufmerksamkeit der drei ununterbrochen kichernden Koreanerinnen, von denen eine heute Gerüchten zufolge aus dem Jeep gekullert ist. Es dauert eine Weile, bis sich eine von ihnen traut, mich anzusprechen. Denn sie kämpfen noch etwas mit der englischen Sprache. Die Frage, die sie mir stellt, ist eine heikle Angelegenheit, sitzen doch schließlich zwei Australier mit am Tisch: „Welches Bier ist besser? Das deutsche oder das australische?" Sie gesteht gleich, dass sie das deutsche Bier liebt. Um Zeit zu gewinnen, antworte ich mit einer Gegenfrage. „Wollt ihr eine höfliche oder eine ehrliche Antwort?" Da sie sich nicht entscheiden können, fällt meine Wahl auf die Ehrlichkeit. Das deutsche Bier ist natürlich besser. Ist eben so. Die Gastgeber nehmen es gelassen.

Nach dem leckeren Abendessen lassen wir uns am Lagerfeuer nieder. Wir plaudern, und Joe packt seine Gitarre aus. Der Abend ist einfach großartig. Ich unterhalte mich angeregt mit Andrea, einer Seelenverwandten aus Süddeutschland. Auch sie hat ihren Job aufgegeben, ohne etwas Neues in Aussicht zu haben, gönnt sich eine gute Zeit in Australien, wird danach in die Heimat zurückkehren und dann sehen, wo das Leben sie hinführen wird. Einfach abwarten, was passiert, voller Zuversicht und Vertrauen. Zwischendurch betrachte ich den überfüllten Sternenhimmel, der hier höher zu sein scheint als woanders. Ob dem wirklich so ist, oder ob das Bier seine bewusstseinstrübende Wirkung entfaltet? Ich weiß es nicht. Gegen 23 Uhr werde ich müde. Da ich meine Taschenlampe schlauerweise im Hotel in Brisbane vergessen habe, droht mir ein kompletter Blindflug zu meiner Schlafkabine. So viel Dunkelheit bin ich Großstadtpflanze nicht gewohnt. Und so viel Fauna um mich herum auch nicht. Netterweise leuchtet Andrea mir den Weg. Ich falle in seligen Schlummer.

Fraser Island – Schiffswrack und Wasserfreuden

Meeresrauschen statt Klimaanlage. Ich habe hervorragend geschlafen. Komme mir jetzt keiner damit, das läge am Bier. Da Joe leicht verschlafen hat, müssen wir das Frühstück im Zeitraffer vertilgen. Macht nichts, denn es ist nicht der Rede wert. Labberiger Toast, zwei Sorten Marmelade, das unsägliche Vegemite

Abwrackpämie?

– ein konzentrierter Hefeextrakt, der als Brotaufstrich dient – und Cornflakes mit Milch. Wir springen auf den Jeep und brechen auf zum Schiffswrack der Maheno. Eigentlich sollte das Passagierschiff 1935 zu einem japanischen Schrottplatz geschleppt werden. Stattdessen beförderte es ein Wirbelsturm hierher an die Küste. Seitdem verrottet es munter vor sich hin und gibt ein exzellentes Fotomotiv ab.

Weiter geht's zum Eli Creek. Diesen herrlich begrünten Fluss waten wir gegen die Strömung entlang. Mein Paar Turnschuhe hat auch was davon. So ist das, wenn man sie zu lässig auf den Rucksack bindet. Opfer Nummer 2 überlebt jedoch im Gegensatz zu Nummer 1, dem in Hong Kong verendeten Schirm, unbeschadet. Im Jeep heizen wir dann weiter den Strand hinunter.

Unser Hauptziel des Tages heißt Lake Wabby. Dorthin gelangt man vom Strand aus über einen wunderschönen, sandigen, begrünten, hügeligen und damit auch anstrengenden Weg. Die Hitze tut ihr Übriges. Nach rund 45 Minuten werden wir belohnt. Oben von der Düne kommend, bieten sich uns fabelhafte Panoramen. Schade, dass dieser wunderbare See – der mir noch besser gefällt als der Lake McKenzie, den wir gestern zum Überlaufen brachten – in absehbarer Zeit verschwunden sein wird. Er ist von drei Seiten von Eukalyptuswald eingeschlossen. Und an der vierten Seite gibt sich die riesige Düne alle Mühe,

Lake Wabby

den See so schnell wie möglich aufzufressen. Wenn Sie ihn also noch sehen möchten, sollten Sie nicht unbedingt bis zum Renteneintritt warten – mitlesende Rentner natürlich ausgenommen.

Lunch am Strand

Wir kühlen auch hier unsere erhitzten Körper in den kühlen Fluten. Und nun stellt sich die Widerstandsfähigkeit meines Opfers Nummer 3 heraus. Erst nach mehreren Minuten fällt mir auf, dass ich vergessen habe, meine Armbanduhr abzulegen. Das hole ich eiligst nach. Doch dieses unfreiwillige Experiment beweist, dass sie wasserdicht ist. Zwei der bisher drei Opfer haben also überlebt. Ebenso der eine oder andere Wels, der eifrig um mich herumwuselt. Ich muss heute keine Fische fangen, denn für das Futter ist ja ein anderer zuständig.

Aufbruch ohne Kevin. Er hat sich mit seiner Kamera davongetrödelt, die Zeit und den Rückweg vergessen. Vergeblich suchen wir nach ihm und brechen auf mit der sicheren Gewissheit, dass ein so großer Junge auch alleine an den Strand zurückfindet. Dort wartet Joe schon mit dem Lunch auf uns. Repräsentativ hat er es auf der Kühlerhaube des Jeeps angerichtet. Am schönen Strand füllen wir – mittlerweile wieder vollzählig – unsere Mägen und bereiten uns mental auf den Abschied vor. Wir rasen ein letztes Mal über den nicht enden wollenden Strand und rumpeln auf die Fähre. In einem Drei-Stunden-Ritt bringt Joe uns nach Brisbane zurück. Das waren zwei beeindruckende Tage, die ich so schnell nicht vergessen werde. Und mein erstes Känguru sehe ich nebenbei auch noch. In freier Wildbahn. Oder dachten Sie, ich hätte heute noch Zeit für einen Zoobesuch gefunden?

Bummeln, Strand und Internet

In Australien herrscht Linksverkehr. Da ist es nur konsequent, dass die komplette Bestecksammlung beim Frühstück auch auf der falschen Seite liegt. Solange man mich hier nicht links liegen lässt, soll mir das egal sein. Überhaupt ist hier alles verkehrt herum. Folgt man der Sonne, so gelangt man nach Norden. Je weiter südlich man reist, umso kühler wird es. Je kleiner die Geldmünzen, umso größer ihr Wert. Je begehrter der Laden, umso rigider die Öffnungszeiten. Ja, schon klar, Barbie und Bier warten. Für so was habe ich immer Verständnis.

Downtown Brisbane

À propos: Sie haben sicher auch Verständnis, dass ich es heute etwas gemächlicher angehe. Mir bleibt noch ein ganzer Tag für Brisbane, so dass ich gehörig trödeln kann. Nach Frühstück und Latte macchiato schlendere ich gegen 9:30 Uhr los. Ich lasse mich eine Weile durch die Fußgängerzone der Queen Street und ihrer angrenzenden Straßen treiben, bevor ich mich über die Victoria Bridge auf die Südseite der Stadt begebe. In der städtischen Bibliothek – hier gibt es freies WLAN und bequeme Sessel – gönne ich mir ein kurzes Abtauchen in die Tiefen des Webs: Berichte wollen ins Internet eingestellt, Kommentare und E-Mails gelesen und beantwortet werden.

Am Brisbane River entlang zieht es mich anschließend zu den South Bank Parklands, einem schön gestalteten Freizeit- und Naherholungspark, direkt am Flussufer gelegen. Mit Blick auf Fluss und Skyline der Stadt kann man sich hier unter anderem auf dem Rasen unter Schatten spendenden Bäumen genüsslich ausstrecken und in den zahlreichen Cafés und Restaurants den aufkeimenden Hunger bekämpfen. Der eigentliche Hit jedoch ist die großzügig angelegte Beachszenerie mit mehreren lagunenartigen Pools, Palmen, Strand und Liegeflächen. Wem die rund halbstündige Autofahrt zu den Stränden vor

Brisbane South Bank Parklands

den Toren der Stadt zu aufwendig ist, der kann sein erhitztes Gemüt mal eben zwischendurch auch hier kühlen – mitten in der Stadt.

In South Bank nehme ich mein Mittagsmahl ein. Ein gieriger Ibis schleicht um mich herum und hofft auf Essensreste. Sorry, Kumpel, so etwas gibt es bei mir nicht. Ich esse immer brav auf. Auf dem Parkgelände steht in der Nähe meiner Futterquelle eine überdachte, aber zu den Seiten offene Halle mit Tribünen, die auch für Konzerte genutzt werden kann. Eine weitgehend talentfreie Heavy-Metal-Band gibt dort gerade ihr Bestes. Der Sänger faucht wie eine Wildkatze bei der Verteidigung ihres Nachwuchses. Es wird Zeit, den Rückzug anzutreten. Ich schlendere weiter am Flussufer lang und überquere über die Goodwill Bridge abermals den Fluss. Am Ende der Brücke lande ich direkt im Botanischen Garten. Dieser schmiegt sich idyllisch zwischen Brisbane River und Innenstadt und wird von zahlreichen Vögeln musikalisch angereichert. Ich durchquere ihn parallel zum Fluss und lande am Eagle Street Pier, wo die Fähren ablegen. Rasch rüber zu Starbucks, ein längeres Skype-Schwätzchen mit dem Schätzchen in Berlin, und ab zurück ins Hotel. Danke, Brisbane, für die sanfte Landung in Down Under. Morgen geht es wieder in den Flieger.

Sydney

Atemberaubender Blick auf die Skyline

Sydney

ESDS (Elke sucht die Superstadt) – Die Siegerin

Brisbane – Sydney. Bundesstaatenwechsel: raus aus Queensland, rein nach New South Wales. Am späten Vormittag soll es losgehen. Beim Check-In ist Do it yourself angesagt. Ich tippe an einem der Terminals ein, was einzutippen ist. Bei allen anderen kommt eine richtige Bordkarte heraus. Bei mir nicht. Das Gerät spuckt mir einen Zettel entgegen, auf dem steht: „Dies ist keine Bordkarte. Bitte gehen Sie zum Service-Schalter 9.“ Mit vollem Gepäck im Anschlag marschiere ich also an der aus normalen Bordkartenbesitzern bestehenden Warteschlange vorbei an besagten Schalter. Keiner vor mir. Es stellt sich heraus, dass ich für einen Platz am Notausgang auserwählt wurde. Doch dazu muss ich erst begutachtet und befragt werden. Deshalb die Sonderbehandlung. Keine körperlichen Einschränkungen/ keine medizinischen Defizite? Ja. Ist mir klar, dass ich im Notfall helfen muss? Ja. Verfüge ich über genügend Englischkenntnisse? (Na)ja. Bestanden. Ich kriege gleich hier meine Bordkarte und kann auch mein Gepäck einchecken. Eine Menge Wartezeit gespart und wieder einen Platz mit Beinfreiheits-Overkill.

Inlandsflüge sind unkompliziert. Ich darf meine gefüllte Wasserflasche mitnehmen. Keiner will meinen Pass sehen. Wobei Letzteres mich schon etwas verwundert. Da könnte ja jeder, der meinen Namen und meine Flugstrecke kennt, an den Terminals meine Bordkarte ausdrucken. Wenn denn eine rauskommt. Dazu muss man noch nicht mal die Buchungsnummer des elektronischen Flugtickets eingeben. Man tippt nur den Vor- und Nachnamen ein und wählt unter den vorgegebenen Flügen den aus, auf den man gebucht ist. Und schwupps, kann wer auch immer an meiner Stelle den Flug antreten. Merkt ja keiner, dass Sie nicht ich sind. Und deshalb werde ich einen Teufel tun, Ihnen künftig vorzeitig zu verraten, wann ich von wo aus den nächsten Flug antrete. So manche Dame stünde ansonsten bestimmt in den Startlöchern und würde mein Ticket ergattern, bevor ich auch nur einen Fuß in den Flughafen gesetzt habe. Wehret den Anfängen.

Sydney Harbour Bridge

Der heutige Flug ist läppisch, kurz und schmerzlos. Trotzdem bin ich nicht ganz unglücklich darüber, dass ich in nächster Zeit erst mal keinen Flieger mehr besteigen muss. Ankunft im Hotel am frühen

Nachmittag. Es liegt mitten in Sydneys Altstadtviertel The Rocks, zentral und doch ruhig gelegen. Das gebuchte Zimmer stellt sich als recht großes Studio mit Wohnzimmerecke und Küchenzeile heraus. Da ich hier acht Tage bleiben werde, bin ich sehr angetan. Ich wohne im dritten Stock und kann die Dachspitzen des Opera House am Hafen sehen. Das Leben meint es gut mit mir.

Den Rest des Nachmittags nutze ich, um die nähere Umgebung zumindest grob zu erkunden: die Altstadt, den Fährhafen am Circular Quay und den von hier aus nächstgelegenen Aussichtspunkt am Observatorium, der mir einen unverstellten Blick auf die berühmte Harbour Bridge bietet. Ich habe noch nicht viel von Sydney gesehen. Doch ich mag die Stadt schon jetzt. Nach Einbruch der Dunkelheit – kurz nach 18 Uhr ist's zappenduster – kehre ich ins Hotel zurück. Ich packe zum ersten Mal meinen Rucksack vollständig aus. Bisher lohnte sich das wegen des fortgeschrittenen Nomadentums noch nicht. Es tut zur Abwechslung gut, einmal irgendwo „richtig" anzukommen. Im Hotel gibt es einen Waschsalon mit Selbstbedienung. Den nutze ich und werfe schnell noch eine Maschine Wäsche an. Damit wäre die Hausfrauennummer auch schon erledigt. Feierabend.

Prächtige Parks, kalte Schulter und Sonnenbrand

„Sydneys unschlagbare Lage an verästelten Buchten und auf grünen Hügeln sucht rund um den Globus ihresgleichen. Weltweit hat kaum eine andere Großstadt so viele Strände und Parks im Stadtgebiet wie Sydney", sagt mein Dumont-Reiseführer. Soweit d'accord. Aber jetzt kommt's: „Dazu kommt ein rund ums Jahr sonniges und warmes Klima." Das war gestern. Und vergangene Woche auch, wie mir der nette Engländer an der Hotelrezeption eifrig versichert. Heute ist so was von nichts mit Sonne. Der Tag beginnt, verläuft und endet mit trübstem Himmel. Grau in grau und mit 18 Grad Celsius Geradenoch-so-eben-T-Shirt-Wetter. Die Stadt zeigt mir die kalte Schulter.

Doch das soll mir die Laune nicht verderben. Nach dem kontinentalen Brechfest im Hotel gönne ich mir bei Madame im französischen Café um die Ecke einen leckeren Milchkaffee und genieße den Blick auf die auslaufenden Fähren. Madame spricht gnadenlos mit allen Kunden französisch. Mich stört das nicht, aber manch anderer gerät ins Trudeln. Doch

Rolling home?

wenn es sich gar nicht vermeiden lässt, überwindet sie sich und lässt ein paar Worte auf Englisch fallen. Hier spielen sich herrliche Szenen ab! Frisch gestärkt mache ich mich auf den Weg zur Touristeninformation, um einen ordentlichen Stadtplan und ein paar Infos abzugreifen. Kaum habe ich das Gebäude verlassen, geht ein Nieselregen an den Start. Zwingt mich Sydney doch tatsächlich, hier noch einen Schirm zu kaufen! Also wieder zurück zum Info-Shop, um das begehrte Objekt zu erstehen. Kommentar der Dame an der Kasse: „Sydney hat vier verschiedene Klimata – pro Tag." Eine halbe Stunde später verzieht sich der Regen. Für den Rest des Tages bleibt es trocken. Doch wer weiß, wofür der Kauf noch gut war.

Ich laufe den Circular Quay in Richtung der beeindruckend schönen Harbour Bridge entlang. Wegen ihrer Form bezeichnen sie die Sydneysider – so werden die charmanten Einwohner dieser Stadt liebevoll genannt – auch als „Kleiderbügel". Ganze Horden von Jungs und Mädels mit grausigen Schuluniformen strömen mir entgegen. Wie sich noch herausstellen wird, zieht sich diese Art der Begegnung heute wie ein roter Faden durch den Tag. Vermutlich ist heute Wandertag. Unter der Brücke angekommen – den einen oder die andere unter Ihnen mag das in meinem Fall nicht überraschen –, kehre ich um in Richtung Opera Quay, um das imposante Bauwerk einmal näher unter die Lupe zu nehmen. Die Dachkonstruktion besteht aus zehn perlenfarbenen Segeln. Glaubt man den Gerüchten, so ließ sich der dänische Architekt von Orangenscheiben, Schnecken, Palmwedeln und Maya-Tempeln inspirieren. Eine verwegene Mischung! Das Ergebnis jedenfalls kann sich sehen lassen. Ich finde die Oper spektakulär, aber diese Meinung teilt nicht jeder. Kritiker sollen sie wohl schon mit einer Schar Fußball spielender Nonnen und dem Paarungsverhalten von Schildkröten verglichen haben. Der Fantasie sind keine Grenzen gesetzt.

Charme-Offensive im Botanischen Garten

Gleich hinter der Oper beginnen die Royal Botanic Gardens, die eine imposante Fläche in Anspruch nehmen. Ich umrunde und durchquere die Grünanlage im Laufe des Nachmittags. Würde ich heute für abgelaufene Kilometer bezahlt werden, könnte ich morgen wegen Reichtums im Bett bleiben. Doch es lohnt sich wahrlich, sich hier die Füße platt zu laufen. Der Weg um den Park herum am Wasser entlang bietet tolle Ausblicke auf die Skyline der Stadt, die Oper und die Harbour Bridge. Doch die Uferstrecke hat es in sich. Dient sie doch zugleich als Jogger-Highway. Sobald ich lahme Fußgängerin vorschriftswidrig aus dem strengen Linksverkehr ausschere – zum Beispiel, um ein Foto zu schießen –, droht schon die Kollision von vorne bzw. das Überranntwerden von hinten. Doch alle Beteiligten überleben unverletzt wegen gegenseitiger Umsichtigkeit und Rücksichtnahme.

Durchquert man den Park, werden Augen, Nase und Ohren reich belohnt: bunte Steinformationen, wunderschöne, absonderlich geformte Bäume, ein buntes, duftendes Blumenmeer und zahlreiche Vogelarten, die teils bizarres Liedgut zum Besten geben. Die Jahreshauptversammlung der Fledermäuse findet hier übrigens heute auch statt. Oder weshalb sonst hängen sie hier in Scharen herum? À propos, danach wäre mir jetzt auch. Ermattet stolpere ich aus dem Park, auf der Suche nach etwas Essbarem. Am Martin Place, mitten im etwas unspektakulären Bankenviertel, werde ich fündig. Danach ist es Zeit für den Heimweg. Zurück im Hotel, werfe ich einen kurzen Blick in den Spiegel. Ein leichter Sonnenbrand ziert Nase und Wangen! Ich fasse es nicht. Morgen wird brandtechnisch besser vorgesorgt. Auch im Falle eines Wintereinbruchs mit Eisregen.

Kreuz und quer mit Fährverkehr

Heute ist mir nach Experimenten zumute. Beim Frühstück greife ich todesmutig zu Vegemite, welches ich auf Fraser Island noch feige verschmähte. Es sieht aus wie Rübensaft bzw. Fenner Harz, die bevorzugte Variante meiner saarländischen Landsleute. Es schmeckt aber wie die gehärtete Variante von Maggie-Würze. In Wahrheit handelt es sich um einen konzentrierten Hefeextrakt, den die Engländer auch unter dem Begriff „Marmite" kennen. Doch wie auch immer man es nennt, es ist und bleibt ungenießbar. Nach einem Bissen breche ich das Experiment abrupt ab und greife lieber nach Vertrautem.

Die Sonne strahlt, als wolle sie den gestrigen Tag wieder gut machen. Das Thermometer wird im Laufe des Tages auf fast 30 Grad ansteigen. Aber das ahne ich am Morgen noch nicht. Nichts wie raus mit mir! Der Berg ruft? Nein, die Harbour Bridge, „the coat-hanger". Hier ein paar Fakten: eine der größten Einbogen-Spannbrücken der Welt, 1932 eingeweiht, verbindet die City mit den nördlichen Stadtteilen, in sechs Jahren von 1400 Arbeitern errichtet, 1149 Meter lang und 48 Meter breit. Sie beherbergt auf einer Ebene acht Autospuren, zwei Bahnlinien und je einen Fußgänger- und Radweg. Die vier Brückenpfeiler sind angeblich ohne statische Funktion und dienen nur der Zierde. Ich ignoriere die abgasgeschwängerte Luft und genieße den unbeschreiblich schönen Blick auf den Hafen, die Oper und die Innenstadt. Am anderen Ende angekommen, schaue ich mich noch auf dem Gelände am Milsons Point um. Nach einem längeren Schwätzchen mit einem netten Paar aus Neuseeland steige ich in einen Explorer Bus. Dieser fährt in einem Rundparcours eine feste Route durch die Stadt und hält an 27 touristisch interessanten Stationen. Man kann so oft man will aussteigen, sich in Ruhe umsehen und wieder in den nächsten Bus einsteigen. Alle 20 Minuten taucht einer auf. Man kann natürlich auch die etwa zweistündige Tour als Stadtrundfahrt betrachten und den Hintern bequem im Sessel lassen. Erläuterungen – teils vom Band, teils vom Fahrer – gibt es auch.

Heute will ich ein wenig von beidem. Ich steige an den geschichtsträchtigen Hyde Park Barracks aus, in deren nächster Umgebung es einiges zu sehen gibt: Hyde Park, St. Marys Cathedral, Parliament House, St. James Church und das Sydney Hospital. Doch heute fehlt mir der Ehrgeiz, mich bis zum Anschlag mit Bildung vollzustopfen. Ich begnüge mich mit dem Betrachten der formschönen, historischen Fassaden. Ich will draußen sein und die Stimmung der Stadt inhalieren. Am Martin Place gönne ich mir einen Smoothie. Und wie ich diesen so genüsslich hinunter schlürfe, bemerke ich die anwachsende Menschenmenge, die sich vor den im Erdgeschoss einsehbaren Fernsehstudios versammelt. Nichts wie hin und Leute gefragt, welche Berühmtheit denn da zu sehen sei. Frei nach dem saarländischen Motto „Ei, denne MUSCHT du kenne!" Von einem netten Paar aus Canberra erfahre ich, dass Larry hier gerade seine tägliche, landesweit bekannte Morgenshow abdreht, die live gesendet wird. ZDF-Morgenmagazin auf Boulevard. Nach einem kleinen Plausch mit den Touristen aus Australiens Hauptstadt gehe ich wieder meiner Wege, fest entschlossen, eines Morgens schlaftrunken Larrys Show anzusehen.

Den nächsten Busstopp lege ich am Mrs. Macquaries Point im Botanischen Garten ein. Diese Stelle passierte ich zwar bereits gestern auf meinem Hardcore-Wandertag, aber heute verspricht das Wetter bessere Fotos: von hier aus hat man einen umwerfenden Blick auf Opera und Bridge. Die eine taucht optisch quasi unter dem Bogen der anderen auf. Ah, bei Sonne kommt das doch gleich viel besser! Das findet auch ein weiterer deutscher Tourist im Fotorausch, mit dem ich an dieser Stelle ins Fachsimpeln komme. Noch besser wäre es indes, nicht um die Mittagszeit, sondern gleich morgens hier aufzuschlagen. Dann steht die Sonne günstiger. Doch wer will hier dem Perfektionismus erliegen? Ich. Aber nur, wenn ich am Ende meines Aufenthaltes in dieser Stadt nicht mehr weiß, was ich noch tun soll.

An Bord des nächsten Busses schalte ich für eine Weile auf das Programm „Stadtrundfahrt" um und lasse mich für die nächsten Tage inspirieren. Da lauert noch eine Menge auf mich! Ich steige am Fischmarkt aus. Branchenüblicher Geruch und das typische Flair schlagen mir gleich entgegen. Dort komme ich vor lauter Fotografieren kaum zum Essen, schaffe es letztlich aber doch, mir eine Ladung Fish & Chips reinzuschaufeln. Immer schön mit Blick aufs Wasser. Das Auge isst schließlich auch mit. Auf dem Rückweg zur Bushaltestelle fällt mir zum wiederholten Male auf, wie höflich und rücksichtsvoll die Autofahrer hier sind. Auch ohne Ampelzwang und Zebrastreifen lassen sie mir den Vortritt – meist mit einem freundlichen Lächeln auf den Lippen. Als ich in den nächsten Bus einsteige, empfängt mich ein strahlender Busfahrer. „Sie kenne ich doch! Sie sind heute schon mal mit mir mitgefahren." Stimmt, jetzt, wo er es sagt. Erstaunlicherweise konnte er sich sogar noch daran erinnern, wo ich ausgestiegen war. Ich bin beeindruckt.

Darling Harbour

Mein nächstes Ziel ist Darling Harbour, eine glitzernde Mischung aus Freizeitpark, Einkaufszone und Kulturzentrum, im Hafengelände gelegen. Ich schlendere ziellos herum, schlecke ein Eis und lasse mich anschließend zum Circular Quay kutschieren, in dessen Nähe ich wohne. Kurz entschlossen besteige ich wahllos die nächstbeste Fähre, weil ich noch Fotos von Brücke und Opernhaus in der Dämmerung vom Wasser aus machen will. Doch was mich fast noch mehr beeindruckt als die beiden begehrten Objekte, ist das Ziel der Fähre: Mosman Bay. Wie kann man nur so unverschämt paradiesisch in dieser Bucht in Hanglage wohnen? Und das nur 20 Fährminuten vom Zentrum entfernt? Sollte ich mal auswandern und den einen oder anderen Dollar übrig haben, lasse ich mich gerne hier nieder. Bis dahin muss ich mich mit meinem Hotelzimmer in The Rocks zufrieden geben, in das am Abend kurzzeitig das Kufsteinlied aus der Kneipe namens „Oktoberfest" schallt. Ein kräftiges „Holleradihi" im Ohr, falle ich in tiefsten Schlaf.

Blue Mountains – Blauer Dunst nach kaltem Start

Heute werde ich gegen 6:30 Uhr sanft geweckt. Feueralarm! Nach fünf Minuten folgt der Aufruf zur Evakuierung. Schnell die nächstbesten Klamotten übergeworfen, Wertsachen in den kleinen Rucksack gepfeffert und raus aus der Hütte. Im Tross mit anderen ebenfalls noch nicht ganz vorzeigbaren Hotelgästen gelange ich durchs Treppenhaus ins Freie. Zwei Löschzüge brausen mit Alarm an. Rauch ist weder zu sehen noch zu riechen. Ich wage es, mich dem Eingang zu nähern. Dort deaktiviert ein Feuerwehrmann gerade den Alarm, wünscht freundlich einen guten Morgen und zieht mit der Truppe wieder ab. Verlegenes Grinsen auf dem Gesicht des Herrn an der Rezeption. Der Übeltäter war ein verbrannter Toast in einem der Hotelzimmer.

Nun, jedenfalls bin ich wach. Ich muss heute eh früh raus, denn schon bald werde ich am Hotel zur Tagestour in die Blue Mountains abgeholt. Zusammen mit zwei netten Engländern aus Birmingham – jetzt kriege ich den berühmten Song der Sex Pistols nicht mehr aus dem Ohr – warte ich auf den Bus. Ich wusste, der Tag wird hart. Wer je Englisch aus dem Munde von Leuten aus besagter Stadt gehört hat, weiß, was ich meine. Aber wie gut, dass sie mit von der Partie sind! Sonst wäre der Bus lässig an meinem Hotel vorbei gebraust.

Känguru ...

... und Echse im Blue Mountains Featherdale Wildlife Park

Denn ich stehe nicht auf der Liste des Tour-Guides Geoff. Meine Buchung von gestern Nachmittag war wohl zu spontan für den Veranstalter. Aber meine „Papiere" sind alle in Ordnung und so darf ich natürlich mit. Mit zwölf Gästen aus sechs Nationen (Neuseeland, Australien, England, China, Indonesien, Deutschland) bestückt, ruckeln wir im Kleinbus durch Sydneys morgendliche Rushhour. Aus den Boxen perlt herzerfrischend „Guantanamera", bis der Fahrer zu seinen launigen Reden und Anekdoten ansetzt. Ein begnadeter Entertainer!

Unseren ersten Stopp legen wir am Featherdale Wildlife Park ein. Alle ortsüblichen Verdächtigen sind hier vertreten: Kängurus, Koalas, eine kuriose Igel-Stachelschwein-Variante namens Echidna, Emus, Helm-Kasuare, tasmanische Teufel etc. Natürlich sind auch Wombats da. Sie sind nicht nur abgrundtief hässlich, sondern stoßen auch noch befremdliche, disharmonische Grunzlaute aus. Von euch Jungs hat es heute leider keiner in meine exklusive Fotoauswahl geschafft. Sorry, Wombats! Ein typischer Vertreter allerdings fehlt: das Schnabeltier. Der Grund: es kann nicht gut in einem solchen Park gehalten werden, da das Wasser in der Umgebung nicht rein genug ist. Es müsste extra für den verwöhnten Gast aufbereitet werden. Ach, ich könnte Stunden hier verbringen, aber der Guide treibt uns weiter. Es gibt noch so vieles zu sehen.

Wir nähern uns den Blue Mountains, UNESCO-Weltnaturerbe seit 2001. Sie liegen rund 100 Kilometer westlich von Sydney, sind bis zu 1200 Meter hoch und dicht bewaldet. Ein wild zerklüftetes Plateau, Regenwald, spektakuläre Felsabbrüche, dramatische Wasserfälle, kilometerlange Canyons und ausgedehnte Eukalyptuswälder erwarten uns. Deren feiner Ölnebel sorgte übrigens für die Namensgebung der Berge. Schiefergraublauer Dunst liegt über ihnen. Wieder was gelernt.

Bevor wir jedoch die Bergwelt erobern, reißt uns Geoff aus der Busfahrtslethargie. Ein Kurs im Bumerang-Werfen steht an. Jeder hat drei Versuche, die mehr oder weniger missraten. Einzig eine der Indonesierinnen schafft es, dass das Teil brav seine Runde dreht und in ihrer Nähe landet. Sie hatte bestimmt schon einen Personal Trainer, will es aber nicht zugeben. Immerhin gibt es weder Verletzte noch Tote bei unseren Bemühungen. Ist ja auch ein Erfolg. Übrigens wurde der älteste Bumerang wohl in Polen (!) entdeckt und ist vermutlich 23 000 Jahre alt.

Weiter geht es zu den Wentworth Falls, die 300 Meter tief in eine atemberaubende Schlucht stürzen. Von einem Aussichtspunkt aus hat man einen herrlichen Blick übers Jamison Valley. Aus dem Busch lacht uns der Mountain Devil an. Verblüffend, was manche Pflanzen an kuriosen Blüten hervorbringen. Teebäume und jede Menge Eukalyptus pflastern unseren Weg. Geoff zeigt uns einen wundersamen Baum namens Banksie, dessen Samenkapseln sich nur bei Feuer öffnen. Sie warten jahrelang darauf und schlagen dann zu. Hoffentlich nicht hart und gnadenlos.

Three Sisters

Die berühmte Felsformation Three Sisters wartet auf uns. Der Sage nach handelt es sich um drei verzauberte Schwestern, die der Vater beim Flirt mit drei Jungs erwischte und zur Strafe in Felsen verwandelte. Um die vom Schicksal Gebeutelten zu sehen, fahren wir nach Katoomba, einem mit Art-Déco-Gebäuden reichlich gesegneten Örtchen. Dort erwarten uns Touristenmassen, aber die Tour mit der Schwebebahn Scenic Skyway runter ins Tal – und ich in der ersten Reihe – lässt das schnell vergessen. Mit 52 Prozent Gefälle stürzt das Teil mit uns hinab. Vor lauter In-die-Tiefe-Starren vergesse ich fast den Blick nach links auf die erstarrten Schwestern. Unten angekommen, drehen wir eine Runde durch den faszinierenden Regenwald. Astdicke Lianen wickeln sich um alles, was gerade im Wege steht. Zurück den Berg hoch geht es mit dem Scenic Railway, einem durchaus unkomfortablen, zum Glück aber rundum vergitterten Bähnchen. Meinen Rucksack drücke ich fest an mich. Auf den Ansteck-

Koala aus Plüsch, den wir im Wildpark bekamen, passe ich besonders auf. Er könnte sonst Selbstmord begehen.

Für alle Shopaholics legen wir noch einen kurzen Stopp im hübschen Städtchen Leura ein, bevor wir uns wieder in Richtung Sydney begeben. Auf dem Weg dorthin durchqueren wir das imposante Gelände der Olympischen Spiele 2000. Kurz darauf erreichen wir die Fährstation, denn den letzten Weg legen wir über das Wasser zurück. Eine großartige Idee, die uns kurz vor Sonnenuntergang noch wunderschöne Anblicke beschert. Ein ereignisreicher Tag. Den muss ich erst mal verdauen.

Märkte und Strandschönheiten

Samstag ist Markttag. Und den beginne ich traditionell mit einem schönen Milchkaffee. Das von Madame zubereitete köstliche Gebräu ist heute jedoch so liebevoll gestaltet, dass ich fast Hemmungen habe, ihn zu trinken und damit das Kunstwerk zu zerstören. Letztendlich ist er dann doch fällig, und ich bin gestärkt. Der Markt in The Rocks findet nur wenige Meter von meinem Hotel

Startkaffee bei Madame

entfernt statt. Er ist recht überschaubar und bietet tendenziell Touristenzeug an. Ich halte mich nicht lange dort auf, sondern trabe nach einem kleinen Schlenker über die Walsh Bay – was zum Teufel kostet hier eine Wohnung? – gleich weiter zum Circular Quay.

Von dort aus bringt mich der Bus 380 in den Stadtteil Paddington. Als er in dessen Haupteinkaufsstraße, die Oxford Street, einbiegt, bin ich gleich fasziniert vom Ambiente und der bunten Mischung von Läden, Leuten und netten Cafés. So steige ich schon ein paar Stationen vor dem eigentlichen Objekt der Begierde aus und lasse meine Füße für mich arbeiten. Paddington Market entpuppt sich als sehr stimmungsvoller Marktplatz unter schattigen Bäumen, der trotz der vielen Menschen, die hier unterwegs sind, eine beschauliche Atmosphäre zu bieten hat. Hier gibt es Secondhand-Klamotten, Mode, Schmuck, Bücher, Massagen, Aus-der-Hand-Leser und ähnlich Esoterisches. Und last but not least viele kulinarische Angebote, darunter auch öko, vegetarisch, ohne Konservierungsstoffe etc. Ein wirklich inspirierender Ort zum Verweilen, Schlendern und Schauen! Den

aufkeimenden Kaufrausch unterdrücke ich rasch. Zeug, das nicht sofort ver-
zehrt wird, will ich erst am letzten Standort meiner Reise erstehen, nämlich in
Cairns. Da ich hier keine Gepäckträger am Start habe, die meine Habe schleppen, muss ausnahmsweise die Vernunft die Oberhand behalten. So, wäre das
auch geklärt.

Paddington Market

Der Nachmittag bricht an. Wieder hüpfe ich an Bord eines 380er Busses, der
mich an den Strand der Strände bringt. Bondi Beach. Nun, ich lasse die Diplomatie einmal beiseite und drücke es ganz direkt aus: Die Welt hat schon
schönere Buchten und Strände gesehen. Aber wenn es die Surfer und Möchte-
gern-Beaus denn glücklich macht, sollen sie dort eben ihren Spaß haben. Die
ganze Szenerie hat jedoch ihren Reiz. Bevor mich die Neugier näher an den
Strand treibt, scheucht mich der aufkeimende Hunger zuerst in die Hall Street.
Im Blue Orange lasse ich mich im Schatten zum Lunch nieder. Slow Food statt
Fast Food. Hippe und zugleich sanfte Musik umspült meine Ohren. Ich bekomme ein tolles Mahl serviert: Rucola-Salat mit gegrillter Hühnerbrust, Kürbisge-
müse, Pinienkernen, grünem Spargel, Cocktailtomaten und Couscous.

Gesättigt und mit einer üppigen Ladung Sonnenmilch auf der Haut, mache ich
mich auf zum Strand. Und weil es im Blue Orange so schön war, kehre ich
noch mal kurz dorthin zurück. Dachte meine Kappe doch tatsächlich, sie könnte sich unauffällig von der Sitzbank stürzen, ohne dass ich es bemerke. Hat ja

auch geklappt, zumindest für zehn Minuten. Als ich in den Laden reinkomme, schwenkt ein Mädel aus der Truppe, die mittlerweile „meinen" Tisch okkupiert hat, schon mit dem abtrünnigen Teil. Nun aber endgültig zum Strand. Cool, cooler, am coolsten. Nein, ich meine nicht das Wetter. Das ist eher eine heiße Nummer. Ich rede von den Typen, der Szenerie, dem Ambiente im Allgemeinen und Besonderen. Nebenbei stelle ich fest, dass sich der Altersdurchschnitt dank meiner Anwesenheit ein wenig in die Höhe schraubt.

Ich beobachte eine Weile, was die Surfer aus der heute etwas mageren Brandung rausholen. Nicht viel. Da laufe ich doch lieber den schönen Klippenweg gen Süden, der mich nach Bronte führt. Ich genieße die schönen Ausblicke und gönne mir am Strand von Bronte ein Eis. Vor mir sind zwei etwa neunjährige Jungs dran. Sie ordern ihren Zuckerkram und sind damit so beschäftigt, dass sie glatt ihr wichtigstes Utensil auf der Ablage des Kiosks liegen lassen: eine Knarre. Unecht, klar. Ich schnappe mir das Teil und laufe ihnen hinterher, laut „Hey, ihr habt eure Waffe vergessen!" rufend. Großes Gelächter in der Schlange am Kiosk. Wurde auch höchste Zeit, dass ich mal unangenehm auffalle. Die Jungs sind jedenfalls froh, dass sie nicht ohne Verteidigungsmittel durch die Gegend laufen müssen.

Später Nachmittag, kurz vor der Dämmerung. Der gut gefüllte 378er Bus bringt mich wieder zurück ins Zentrum. Ich bemerke zum wiederholten Male, dass die Leute irritiert auf mein T-Shirt schauen. „Nightmare before Christmas" steht da drauf. Darunter ein paar Särge und lachende Totenschädel, umrundet von „la la la la la". Alles nicht so gemeint. Und klar: Weihnachten ist noch ein paar Tage hin. Aber ab und an bin ich meiner Zeit gerne mal voraus. Im Gegensatz zum „Oktoberfest", der feschen Kneipe in unmittelbarer Nachbarschaft meines Hotels, wo sie musikalisch heute wieder so was von gestern sind. Erst martern sie mein Gehör mit „Muss i denn zum Städtele hinaus", um dann nahtlos zu „Rosamunde" überzugehen. Zum Glück nicht zu nachtschlafender Zeit. Ich werde wohl nicht umhin kommen, dort eines Abends mal vorbeizuschauen und gründlich mit alten Klischees in Sachen Deutsches Liedgut aufräumen. Die werden Augen machen.

Laufende Massen und Faulenzen am Wasser

Breaking News an diesem heiteren Sonntagmorgen im Fernsehen: Beginn des Oktoberfestes in München. Das scheint ein wichtiges Thema im Biertrinkerland Australien zu sein. Dass ich erstmals seit vielen Jahren den Berlin-Marathon verpasse, wird gelindert durch die Tatsache, dass heute auch der Sydney-Marathon stattfindet. Die fleißigen Jungs und Mädels mussten schon um 7:15 Uhr an den Start. Aber bei der Hitze, die im Laufe des Vormittags aufkommt, ist das nichts weiter als eine humanitäre Maßnahme. Rechtzeitig gelange ich zum Zieleinlauf am Opera House. Dort ist eine Menge los. Denn parallel zum Marathon finden noch der Halb-Marathon, der neun Kilometer lange Brigde Run und der Family Fun Run statt.

Während ich gebannt auf die Freizeitläufer starre und mich am Anblick des gerade in voller Montur vorbei laufenden King Kong erfreue, schleicht sich fast unbemerkt der heutige Sieger im Marathon auf der Bahn hinter mir ins Ziel. Zwei Stunden, 17 Minuten und sieben Sekunden hat er gebraucht. Das liegt Lichtjahre hinter dem, was die Weltspitze ein paar Stunden später in Berlin produzieren wird. Aber hier und jetzt ist er DER Held. Klein, schnell – und medienscheu. Beharrlich duckt er sich weg und verweigert den Reportern die Interviews und, wenn möglich, auch die Nahaufnahmen. Ganz anders hingegen die vielen stolzen Freizeitläufer und Fans: ich bin schwer gefragt als Fotografin. Mehrmals halten mir Teilnehmer erwartungsvoll ihre Kameras hin. Die Finisherinnen und Finisher samt Anhang wollen unbedingt abgelichtet werden und erzählen strahlend von ihrem Erlebnis! Die Organisatoren indes geben sich umweltbewusst. Trinkflaschen werden hier nicht weggeworfen, sondern wieder befüllt. Müllberge sucht man im Zielbereich dann auch wirklich vergebens.

Puh, ist das heiß heute. Ich brauche dringend eine Abkühlung. Nichts wie hin zur nächsten Fähre, auf der ich draußen den kühlen Fahrtwind genieße. Ich steige an der Watson Bay aus, einer kleinen, verschlafenen Bucht mit dem großen Fischlokal Doyles. Ich trabe durch den Robertson Park hinauf zu The Gap. Der Weg führt zu phänomenalen Aussichtspunkten auf die Steilklippen. Auf dem Weg zurück habe ich einen schönen Blick auf die Watson Bay mit der Skyline der Innenstadt im Hintergrund. Im Park haben sich zahlreiche Familien zum Picknick unter Schatten spendenden Bäumen niedergelassen. Ich decke mich bei Doyles ein und tue es ihnen gleich. Mit der Fähre geht es anschließend wieder zurück in die City zum Circular Quay.

Am siebten Tage sollst du ruh'n. War doch so, oder? Schließlich war der Marathon anstrengend genug. Jedenfalls bin ich zu faul zum Rumlaufen und schnappe mir gleich die nächste Fähre, dieses Mal in westlicher Richtung. Eigentlich ist Parramatta mit seinen edlen Kolonialgebäuden mein Ziel. Doch wegen des zu niedrigen Wasserstandes schippern die Fähren heute nur bis zum Olympiagelände. Ich könnte natürlich auch den Zug nach Parramatta nehmen. Aber ich will heute unbedingt mit dem Schiff fahren bis zum Anschlag. Also nehme ich die etwas verkürzte Strecke in Kauf und lasse mich seufzend auf dem Oberdeck nieder, die Beine weit von mir gestreckt. Hübsche Buchten mit noch hübscheren Hütten ziehen vorbei. Ich träume derweil von Lottogewinnen und Zweitwohnsitzen. Am Olympia-Gelände angekommen, lege ich eine Gedenkminute für Jörg Ahmann und Axel Hager ein, die hier im Jahr 2000 sensationell die Bronzemedaille im Beachvolleyball gewonnen haben.

Auf dem Rückweg zum Circular Quay ziehen Wind und Wolken auf. Ich genieße den Temperaturrückgang und schlendere, zurück in The Rocks, nach einem Nachmittagskaffee noch etwas durch die Gassen der Altstadt. Auf dem Heimweg ins Hotel komme ich wieder am „Oktoberfest" vorbei. Das ist unvermeidlich. Die Neugier übermannt mich. Ich werfe einen Blick auf die Speisekarte. Sie ist auf Deutsch gehalten mit jeweils englischer Übersetzung im Kleingedruckten. Von Schweinshaxe bis Knödel ist alles vertreten. Die Bude ist drinnen und draußen brechend voll. Vertreter der unterschiedlichsten Nationalitäten stemmen tapfer die Maßkrüge, gefüllt mit Löwenbräu. Sie schauen alle sehr glücklich aus. „Bavarians have more fun!", lautet die Botschaft des Plakates am Eingang. Na dann Prost!

Strandleben im Vorort und Luxus im Kino

Eines fehlt mir noch in der Sammlung. Diese Lücke schließe ich heute und nehme die Fähre nach Manly. Nach einer halbstündigen Fahrt vorbei an zahlreichen hübschen Buchten und Vororten Sydneys setze ich meine Füße wieder

Promenade in Manly

der auf festen Boden. Mein erster Weg führt über den Corso, eine Fußgängerzone, die die Hafen- mit den Pazifikstränden verbindet. Das entspannte, beschauliche Örtchen wirkt auf charmante Art abgeranzt. In die Jahre gekommener Seebad-Charme umhüllt mich. Und zwischendurch auch mein Jäckchen. Denn heute ist es kühler und etwas bewölkt. Halten Sie mich für verrückt, aber das genieße ich zur Abwechslung mal.

Ich schlendere die Strandpromenade des hübschen Manly Beach entlang. Die Brandung ist über- und die Surfer sind unterfordert. Der große Showdown bleibt aus. Ein Küstenweg mit überwältigenden Aussichten führt mich vom Manly Beach bis hin zum pittoresken Shelly Beach. Ich gucke hier, schaue dort und bewege mich wieder in Richtung Manly Beach. Eine riesige Echse, fast einen halben Meter lang, kreuzt meinen Weg. Ungünstiger Weise vergrault sie ein plumper Engländer durch hektische Bewegungen, bevor ich das repräsentative Vieh auf den Speicherchip bannen kann. Kurz darauf bietet sich jedoch eine kleinere Variante willig als Fotomodell an. Mein Seelenheil ist gerettet. Ich futtere unterwegs was und mache mich anschließend auf den Rückweg in die Stadt.

Am späten Nachmittag lande ich per Fähre wieder am Circular Quay. Ich entscheide mich spontan für einen Kinobesuch. Da im Kino nahe dem Opera House nichts läuft, was mich interessiert, hüpfe ich in den Zug, der mich zwei Stationen weiter an der Town Hall wieder ausspuckt. Im dortigen Kino werde ich fündig: „Pelham 123". Ich nehme es vorweg: unbedingt ansehen! Ein spannender Thriller, in dem John Travolta und vor allem Denzel Washington mehr als glänzen.

Der Eintrittspreis, den mir die nette Dame an der Kasse nennt, kommt mir exorbitant hoch vor. Mir liegt ein flapsiges „Ich möchte den Film nur ansehen und nicht die Rechte daran erwerben" auf den Lippen, aber ich schlucke den Spruch tapfer runter. Sie kann ja nichts dafür. Unterdessen murmelt sie was von Gold Class. Worauf ich entgegne, dass ich lieber eine „ganz normale" Karte erwerben würde. Geduldig erklärt sie der Ahnungslosen, was hier Sache ist. Es gibt innerhalb der einzelnen Vorstellungen keine unterschiedlichen Tickets. Es gibt nur unterschiedliche Preise zu unterschiedlichen Zeiten, wobei nicht die Uhrzeit die eigentliche Rolle spielt, sondern der Kinosaal, in dem die Aufführung stattfindet. Und um die Uhrzeit, zu der ich Einlass begehre, läuft der Film eben nur in der Gold Class, dem VIP-Bereich des Kinos. Da ich keine Lust habe, zwei Stunden auf die nächste „normale" Vorstellung zu warten, gönne ich mir den Luxus.

In der VIP-Lounge, die den vier VIP-Kinos vorgelagert ist und in die man nur mit einer Gold Class-Eintrittskarte gelangt, kann man Speisen und Getränke ordern. Die werden dann von devoten Kellnern an den Sitzplatz gebracht. Da ich wegen des hohen Eintrittspreises akut von Armut bedroht bin, verzichte ich auf diesen Service. Ich werde trotzdem persönlich bis zu meinem Platz geleitet. Dieser besteht aus einem fetten, superbequemen Sessel mit breiten Armlehnen und daneben gelagertem Tisch sowie rund zwei Metern Beinfreiheit. Der Abstand zum Nachbarplatz ist ebenfalls gebührend. Es bleiben keine Wünsche offen. Obwohl: ein Fußbänkchen wäre nicht schlecht. Ich fläze mich gemütlich hin und genieße den Film, der nach nur zehnminütiger Belästigung durch das übliche Vorgeplänkel losgeht. Hoch lebe die Gold Class! Und Denzel Washington.

Sündenbabel und alternative Stadtteile

Mein letzter voller Tag in Sydney bricht an. Mit dem Bus fahre ich in den Stadtteil Kings Cross. Ursprünglich hieß er Queens Cross, was aber zu Verwechslungen mit dem Queens Square im Zentrum führte. Daher rührt die Umbenennung. Kings Cross war einst das vornehme Wohnviertel der Bohème. Später folgte der Ruf, es sei die Reeperbahn Sydneys mit leichten Mädels und schweren Jungs. Ganz so wild erscheint mir das Viertel – bei Tageslicht betrachtet – jedoch nicht, trotz der zahlreichen Bars, Nacht- und Sexclubs. Milieutechnisch dominieren hier dem Elend, der Armut und teils dem Alkohol und Drogen verfallene Bewohner und viel Touristen-Jungvolk. Ins Auge fallen andererseits aber auch die netten Bistros und Cafés sowie die unzähligen Backpacker-Unterkünfte in der Darlinghurst Road und der Victoria Street. In letzterer finden sich zudem

Schilderwald in Kings Cross

einige schön restaurierte Terrassenhäuser mit Eisenbalustraden. Wirklich sehr pittoresk! Genauso wie der widersprüchliche Schilderwald, mit dem ich mich an der nächsten Straßenkreuzung konfrontiert sehe.

Zeit für eine Pause. In der Victoria Street lasse ich mich im Matchbox Café nieder. Ich schlürfe meinen Orangensaft, löffele meinen Joghurt und blättere durch den „Sydney Morning Herald", eine der Tageszeitungen

hier. Eine Headline auf der dritten Seite springt mir förmlich ins Gesicht: „Australian dies at Munich beer festival." Darunter wird ausführlich berichtet, wie ein Australier nach dem Besuch des Oktoberfestes von einem Zug überfahren wurde, als er – mehr als stark angeheitert – zu seiner Unterkunft zurückkehren wollte. Im Anschluss daran berichtet das Blatt, dass ein weiterer betrunkener Australier am gleichen Ort des Geschehens festgenommen wurde, weil er zwei Teenager verletzte, als er einen Bierkrug – auf Englisch witzigerweise „beer stein" genannt! – in eine Menschenmenge warf.

Bevor ich Kings Cross endgültig verlasse, begehe ich noch eine soziale Tat. In einer kleinen Parkanlage, den Fitzroy Gardens, setze ich in der Nähe der Bushaltestelle ein ausgelesenes Buch, das ich weder mitschleppen noch wegwerfen will, auf der nächstgelegenen Parkbank aus. Tess Gerritsens Thriller „Todsünde" ist großartig und verdient es, von weiteren Lesern verschlungen zu werden. An deutschen Touristen sollte es in dieser Gegend nicht mangeln. Mach's gut, Todsünde.

Die Bahn bringt mich zurück ins Zentrum, die Tram anschließend zu meinem nächsten Ziel Glebe. Dies ist ein schnuckeliges Fleckchen im Westen der Stadt, unweit der Universität, dessen Volk die Hauptschlagader der Gegend, die Glebe Point Road prägt und dominiert. Ich schlendere sie entlang, vorbei an atmosphärischen Cafés, Restaurants und alternativen Läden in hübschen Häuschen. Wie in einer Kleinstadt komme ich mir vor, bis ich in den 431er Bus steige, der mich wieder Richtung Innenstadt transportiert.

Am quirligen Martin Place im Zentrum steige ich aus, vertilge diverse exotische Salate und erfreue mich an dem mittäglichen Live-Konzert. Puh, es ist drückend heiß heute. Am späten Nachmittag treibt es mich zurück ins Hotel zur Kurz-Siesta. Ich verlasse es nur noch für ein Skype-Rendezvous mit Stefan bei Starbucks um die Ecke. Das war's für heute. Fast. Einen Beitrag aus der Reihe „Ich fasse es nicht" habe ich noch: Am Abend liege ich faul auf dem Bett rum und zappe mich durchs Fernsehprogramm. Die Vorschau für morgen: Kommissar Rex. Auf Deutsch mit englischen Untertiteln. In diesem Sinne: gute Nacht!

Wetterkapriolen, „Indian Pacific" und nette Gesellschaft

„Im September und Oktober müssen Sie in Australien keine Wetterextreme fürchten", prahlt mein schlauer Reiseführer. Deshalb staune ich nicht schlecht, als ich gegen 7 Uhr aufwache und die Vorhänge beiseite schiebe. Wenig Sicht, ein fauchender Wind, viel Farbe. Knallrot wechselt zu orange wechselt zu gelb. Für den Sonnenaufgang ist es definitiv zu spät. Nicht aber für den heftigsten Sandsturm, den die gesamte Region zwischen Adelaide und Sydney seit mehr als 40 Jahren erlebt hat. Der komplette Fährverkehr ist eingestellt, der Flughafen lahmgelegt, das einst blütenweiße Hemd des Rezeptionisten mit rotbraunen Rändern versehen. Als ich Hong Kong verließ, war ein Taifun im Anmarsch. Nach meiner Drohung, Sydney den Rücken zu kehren, zieht dieser Sturm über die Stadt. Ob ich das jetzt persönlich nehmen soll? Jedenfalls bin ich bereit, die Stadt zu verlassen. Mein Zug, der legendäre Indian Pacific, der mich nach Broken Hill bringen soll, ist es hoffentlich auch.

Blick aus Hotelfenster nach dem Sandsturm

Nach dem Frühstück wage ich mich heraus zum Hafen. Es kostet mich meine volle Muskelkraft, aufrecht und geradeaus durchs Leben zu gehen. Die Frisur – sollte es heute überhaupt eine gegeben haben – ist definitiv im Eimer. Rotbrauner Staub bedeckt alles und jeden in der Stadt. Die ganz Hysterischen laufen mit Mundschutz oder Schal durch die Gegend. Endlich wird mir klar, was sich wirklich hinter dem Begriff „staubtrocken" verbirgt. Höchste Zeit, Flüssigkeiten in mich hinein zu schütten! Nein, kein Bier, nur einen leckeren und nahrhaften Mango-Shake. Zum wiederholten Male bewundere ich die schier unglaubliche kulinarische Vielfalt in Sydneys Food Courts. Sie sind tendenziell asiatisch geprägt, gehen aber über den klassischen Berliner Imbiss-Chinesen weit hinaus. Üppige Salatbars, Bagel-Buden, Nudelläden mit über 30 Gerichten zur Auswahl, mexikanische Taco-Restaurants etc. ergänzen das Angebot. Hier verhungert man nicht.

Ein Blick auf die Uhr sagt mir: es wird Zeit, dass ich mein Hab und Gut im Hotel auflese und mich zum Hauptbahnhof begebe. Mein indischer Taxifahrer plärrt während der Fahrt dorthin ununterbrochen ins Telefon. Halb taub taumele ich zum Bahnsteig und checke meinen großen Rucksack ein. Ja, Sie haben richtig gelesen. Das Procedere ist das gleiche wie auf den Flughäfen. Man nimmt nur das Handgepäck mit an Bord; mit dem feinen Unterschied, dass Letzteres weder vermessen, noch gewogen, ausgepackt, durchleuchtet oder von Flüssigkeiten befreit wird. Out of control.

Ah, da steht ja schon das Objekt der Begierde, abfahrbereit. Halt, noch nicht ganz. Verwundert stelle ich fest, dass hier gleich zwei Indian Pacifics auf zwei nebeneinander liegenden Gleisen bereitstehen. Des Rätsels Lösung: Mit einer Gesamtlänge von 711 (!) Metern inklusive zweier Loks passt er schlichtweg auf keinen Bahnsteig. Deswegen wird der eine Teil vor der Abfahrt aus dem Bahnsteig hinaus gefahren und an den anderen drangehängt. Jetzt verstehe ich auch den Rat, rechtzeitig – spätestens eine halbe Stunde vor Abfahrt – einzusteigen. Ansonsten droht, je nachdem, für welchen Wagen man gebucht hat, ein längerer Spaziergang durch den endlosen Zug mit seinen recht schmalen Gängen. Und wenn wir schon bei den Fakten sind: Die gesamte Strecke führt von Sydney im Südosten nach Perth im Westen und ist mit 4352 Kilometern eine der längsten transkontinentalen Zugstrecken der Welt. Nach 65 Stunden ist man am Ziel. Die Durchschnittsgeschwindigkeit des Zuges beträgt ungefähr 85 Kilometer pro Stunde. Maximal schafft der Koloss 115 Kilometer pro Stunde.

Ich steige rechtzeitig ein und betrete die adrette Einzelkabine in der Gold Class. Diese Kategorie kennen Sie und ich bereits vom Kino. Sie erstreckt sich hier über geschätzte zwei Quadratmeter, beherbergt zwei gegenüberliegende Sitze, winzige Schränkchen, einen kleinen Tisch und – Tusch! – ein Waschbecken. Die beiden letztgenannten Teile sind jeweils wegklappbar. In der Kabine gegenüber müht sich ein älterer Herr mit seinem großformatigen Hartschalenkoffer. Eigentlich passt hier nur einer rein. Der Herr oder der Koffer. Glücklich, nur mit meinem kleinen Handgepäck-Rucksack bewaffnet zu sein, mache ich es mir in meinem Refugium bequem. Der eine oder andere Mitreisende nennt es liebe-

voll „Käfig". Durch Sydneys westliche Vororte geht es vorbei an Känguru-Massen in die Blue Mountains. Ich erfreue mich an der Aussicht bis zum Einbruch der Dunkelheit.

Der Aufruf zum Dinner befreit mich von der Entscheidung, ob ich dösen oder lesen soll. Die folgenden beiden Stunden gestalten sich dank dreier ausgelassener älterer Damen aus Cairns auf dem Weg nach Perth zu einer Modemesse,

Mit dem Indian Pacific geht es nach Broken Hill

an deren Tisch ich platziert werde, sehr kurzweilig. Mehr Unterhaltung geht nicht! Und damit meine ich nicht nur die angeregte Konversation, sondern auch die diversen Slapstick-Einlagen, die sie sich mit den Kellnern leisten. Ganz zu schweigen von den Essensresten, die zu Boden purzeln und dem Sekt, der nicht nur in ihre Kehlen, sondern auch auf den Butterteller, auf die Tischdecke und über die Bluse von Cate fließt. Außer Rand und Band verzehren sie ihr hüpfendes Wappentier und überziehen sich gegenseitig mit fragwürdigen Komplimenten.

Bestens unterhalten und satt kehre ich in meine Kabine zurück. Dort hat ein guter Geist bereits mein Bett aufgeklappt und mit Laken, Decken und Kissen versehen. Es ist erstaunlich bequem! Nach einem kurzen Blick in meinen neuen Krimi falle ich erschöpft in den Schlaf.

Broken Hill

See you at **Our Annual**
Silver City Show

Die Innenstadt von Broken Hill

Broken Hill

Filmkulisse, Tea Time und Skulpturen

Rechtzeitig zum Sonnenaufgang wache ich auf und ziehe die Jalousie hoch. Das Outback – darunter versteht man alle Regionen, die fernab der Zivilisation liegen, also drei Viertel der Fläche Australiens – präsentiert sich mit roter Erde, steppenartiger Landschaft und Schafherden. Flach, kahl, ausgetrocknet, schier endlos, in tolle Farben getunkt, überwältigend. Gegen 6:40 Uhr taucht überpünktlich Broken Hill auf. Ich befinde mich noch immer in New South Wales. Meine Uhr drehe ich um eine halbe Stunde zurück, denn hier herrscht die Central Standard Time als stadtgeschichtliche Reminiszenz an Adelaide als wichtigster Handelspartnerstadt. Einen Jetlag muss ich jedoch dieses Mal eher nicht befürchten. Beim Verlassen des Zuges empfangen mich warme Sonnenstrahlen. Bevor ich mein eingechecktes Gepäck einsammele, wandere ich noch den Zug entlang, um ein paar begehrte Fotos von der schicken Lok zu schießen. Senk ju for träwelling with Great Southern Rail.

Ein kurzer Blick auf den Stadtplan von Broken Hill sagt mir, dass ich die Strecke zu meinem Motel auch zu Fuß zurücklegen kann. Dort werde ich mit einem sehr herzlichen „Welcome, darling" von der Dame des Hauses empfangen. Zu

Hollywood in Silverton

dieser frühen Uhrzeit ist mein Zimmer natürlich noch nicht bereit, mich und meine Siebensachen zu empfangen. Gegen 10 Uhr soll es jedoch so weit sein. Ich lasse mein Hab und Gut in der Obhut der netten Hausherrin und trabe zurück ins Zentrum. Nach einem opulenten Frühstück nutze ich die zu dieser Uhrzeit noch leere Stadt und das tolle Wetter, um die Gegend zu erkunden und die ersten Fotos auf den Speicherchip zu bannen. Ich bin sehr angetan!

Am späten Vormittag stürme ich in die Touristeninformation, um mich nach Touren nach Silverton und White Cliffs für Freitag und Samstag zu erkundigen. Den heutigen Donnerstag würde ich lieber in gepflegter Ereignislosigkeit verbringen. Es stellt sich jedoch heraus, dass die einzige noch buchbare Halbtagestour ins nahe gelegene Silverton heute Nachmittag stattfindet, genauer gesagt in einer halben Stunde. Die nette Dame am Schalter telefoniert sich die Finger wund, gerät wegen der Zeitknappheit etwas in Stress und ermöglicht doch alles in gleichbleibender Freundlichkeit, was ich gerne haben möchte. Auch meine morgige Tour nach White Cliffs organisiert sie gleich mit.

Puh, für mich wird es zeitlich jetzt auch etwas eng! Schnell ein Sandwich für unterwegs gekauft, zum Hotel zurück gehechtet und die Reserve-Akkus für die Kamera geschnappt. Und schon steht auch der Kleinbus von Tri-State-Tours vor der Tür, um mich aufzusammeln. Auf dem Weg zum rund 25 Kilometer entfernten Silverton sehe ich übrigens auch mein erstes Emu in freier Wildbahn. Tour-Guide Wayne sorgt dafür, dass seine insgesamt fünf Gäste einen tollen Nachmittag in der Geisterstadt Silverton, einer ehemaligen Bergbausiedlung verbringen.

Durchgestyled in Silverton

Einige von Ihnen werden sie kennen, ohne es zu wissen. Diente dieser Ort samt Umgebung doch als Filmkulisse für viele Blockbuster aus Hollywood, wie zum Beispiel Mission Impossible und Mad Max 2. Im 1994 gedrehten Kultfilm „Priscilla – Königin der Wüste" steuerte ein Transvestiten-Trio einen klapprigen, rosafarbenen Bus durch diese verstaubte Landschaft. Ein reizvoller Kontrast!

Etwas außerhalb liegt die Ebene Mundi Mundi. Auf einer Art Aussichtsplattform – eher eine Ebene über der Ebene – reiben wir uns verwundert die Augen angesichts der weitläufigen Szenerie um uns herum. Werbespots aus aller Welt werden hier wegen der fantastischen Lichtverhältnisse und der unglaublichen Ausdehnung gedreht. Stahlblauer Himmel meets rote Erde. Kaum zu glauben, wie ergreifend so viel Ödnis sein kann.

Ebene Mundi Mundi: Road to nowhere?

Zeit für ein kleines Picknick mit selbst gebackenem Kuchen, Kaffee und Tee. Theoretisch. Praktisch bahnt sich ein großes Desaster an. Wayne hat die Thermoskanne mit heißem Wasser vergessen. Und wer trägt Schuld an der Misere? Ich natürlich. Hatte ich doch durch meine sehr spontane Buchung dafür gesorgt, dass Wayne kurz vor der Abfahrt das Auto wechseln musste, da für mich sonst kein Platz mehr gewesen wäre. In der Eile hat er dann beim Umpacken die Thermosflasche in dem anderen Wagen vergessen. Doch alles halb so wild: ein Künstler braut uns in seinem Atelier in Silverton ein Wässerchen für standesgemäße Getränke. Waynes Seelenheil ist gerettet.

Da mir die Damen von der Touristeninformation gestanden haben, dass der zehn Kilometer außerhalb von Broken Hill gelegene Skulpturenpark nicht mit öffentlichen Verkehrsmitteln zu erreichen ist, frage ich Wayne, ob wir am späten Nachmittag auf dem Rückweg zufällig einen kleinen Abstecher machen könnten. Am liebsten zum Sonnenuntergang ... No worries, das macht er gerne. So setzt er den Rest der Truppe planmäßig in deren Hotel ab, holt den kleineren Wagen und spendiert mir eine individuelle „Privat-Tour". Auf der Fahrt dorthin versorgt er mich noch mit allerhand interessanten Infos über Land und Leute, die weit über das hinaus gehen, was man aus Reiseführern und sonstigem Infomaterial für Touristen erfährt. Zum Abschluss des Tages erlebe ich einen

Zweitwagen oder Kunst?

tollen Sonnenuntergang hinter den zwölf Skulpturen internationaler Bildhauer, die 1994 diese fantastischen „Living Desert Sculptures", so der offizielle Name, schufen. Zwei Monate lang modellierten sie die Plastiken aus Sandsteinblöcken mit Werkzeugen des traditionellen Bergbaus. Ich bin tief beeindruckt.

Ein sehr inspirierender Nachmittag! Das Spendieren habe ich übrigens im engsten Sinne des Wortes gemeint. Wayne will partout keine Bezahlung für die abendliche Extratour annehmen. Dankbar freue ich mich auf morgen. Denn die Tour nach White Cliffs wird er ebenfalls begleiten.

White Cliffs – Anarchie ist machbar

Es gibt ein Synonym für Anarchie: White Cliffs. In diesem 200-Seelen-Kaff im tiefsten Outback von New South Wales, 300 Kilometer nordöstlich von Broken Hill gelegen und fast 100 Kilometer von der nächsten Ortschaft entfernt, hat die Polizei ihren Standort wegen Sinnlosigkeit aufgegeben, Sporadisch schauen die Ordnungshüter aus Wilcannia vorbei, jedoch nur nach mehrtägiger Vorankündigung und genauer Angabe, wo sie sich dann aufhalten werden. Es versteht sich von selbst, dass zu der Zeit alle nicht zugelassenen Fahrzeuge von den Straßen verschwunden sind und auch sonstige illegale Tätigkeiten eingestellt werden. Geschäfte werden hier nur in bar abgewickelt. Wer partout mit Kreditkarte zahlen will, bekommt einen ordentlichen Preisaufschlag aufs Auge gedrückt. À propos: Streitigkeiten unter den Bewohnern regeln diese selbst. Zur Not gibt es was auf die Lichter oder – viel schlimmer – der Zutritt zum Pub wird verwehrt.

Es gibt hier neben einer Handvoll meist glückloser Opal-Schürfer – die Gegend gilt als weitgehend abgegrast – einige Goldschmiede und Galeristen, die Opal-Schmuck, Fotografien und Ähnliches verkaufen, ein paar Cafés und die Haupt-Touristenattraktion Jock. Im Outback im Allgemeinen und in White Cliffs im Besonderen leben keine Leute, sondern Typen, Gestalten und Originale. Jock, ein älterer, verschrobener Kauz, ist die Krönung dieser Spezies. Für etwas Münzgeld führt er jeden, der sich dafür interessiert, durch das weitläufige Labyrinth seines unterirdischen Höhlensystems aus Kalkstein. Diese Art Behausung nennt sich Dugout und garantiert eine das ganze Jahr über konstante Temperatur von 22 Grad. Das ist ein nicht zu unterschätzender Luxus in dieser von meist gnadenloser Hitze um die 40 Grad ohne die geringsten Aussichten auf Schatten geplagten Gegend. Da verzichten die Bewohner doch gerne auf Tageslicht. Rund 140 solcher Dugouts sind zur Zeit bewohnt. Lebensmittelgeschäfte sucht man hier vergebens. Zwei Mal pro Woche taucht ein Versorgungsfahrzeug mit dem Nötigsten auf. Für größere Einkäufe bleibt nur der 300-Kilometer-Ritt nach Broken Hill.

Diese Distanz legen Tour-Guide Wayne, ein Paar aus Canberra, ein Student aus Melbourne und ich in privilegierter Position als Beifahrerin in einem robusten Fahrzeug mit Allrad-Antrieb heute auch zurück. Die englische Entsprechung unseres fahrbaren Untersatzes ist wie so oft eleganter und einfacher: 4WD. Wayne ist wie immer in akuter Plauderlaune und sorgt erneut für den Info-Overkill. Interessant auch seine berufliche Biografie: von seiner Ausbildung her Fotograf mit Spezialisierung auf Pathologie und Portraits, arbeitet er zur Zeit auch als Tour-Guide, Fahrlehrer für 4WD und hält Vorträge über die Kultur der hier ansässigen Aborigines. Seine Karrieren als Metzger und Bergarbeiter hat er inzwischen beendet.

Schöner waschen im Dugout

Die Hinfahrt ist kurzweilig und unterhaltsam. Dank meiner Sitzposition mit unschlagbarem Panoramablick gesegnet, entgeht meinen trüben Augen indes auch nicht das Elend am Straßenrand. Tote Känguru-rus in allen Verwesungsstadien pflastern unseren Weg. Gieriges Vogelvolk labt sich an den teils riesigen Leibern. Die Vielzahl der toten Hüpfer irritiert mich schon etwas, und so frage ich nach. Wayne erklärt uns die unterschiedlichen

Verhaltensweisen der Tiere. Die Ziegen und Schafe reagieren verschreckt auf die Autos. Sie bleiben deshalb entweder stehen oder legen bei der Überquerung der Straße einen Zahn zu. So überleben sie – zumindest den Autoverkehr. Nicht so die Kängurus. Sie springen gerne im letzten Moment vor oder seitlich in die Autos rein. Auch die Emus sind für plötzliche, unvorhersehbare Richtungswechsel berüchtigt und geraten deshalb ebenfalls häufiger unter die Räder.

In White Cliffs angelangt, kommen wir aus dem Staunen nicht mehr heraus. Wir besichtigen zwei Galerien und das berühmte Dugout-Hotel, besuchen Jock in seinem Dugout und trotten in der bizarren Mondlandschaft zwischen stillgelegten Opal-Abbau-Kratern herum. Plötzlich verleiht eine kuriose Farbmischung aus Ocker und Orange der Szenerie einen Hauch von Unwirklichkeit. Schuld daran hat mal wieder Mutter Natur. Denn – ob Sie es glauben oder nicht – nun zieht schon wieder einer der legendären Sandstürme auf, der unsere Rückfahrt nach Broken Hill am späten Nachmittag fast unmöglich machen wird.

Das Wetter wird immer schlechter, der Wind erreicht Sturmstärke. Wayne telefoniert mit seinem Boss in Broken Hill und mit der nächsten Polizeidienststelle. Fast alle Straßen wurden bereits gesperrt. Unsere ist noch offen, aber es wird geraten, sie nur zu benutzen, wenn es denn unbedingt sein muss. Uns droht eine Zwangsübernachtung in White Cliffs. Schlechte Aussichten vor allem für

Szenerie vor Sandsturm

das Paar aus Canberra, das morgen früh den Bus seiner Reisegruppe nach Adelaide kriegen will. Und für Wayne, auf den morgen früh ein Foto-Auftrag für eine Hochzeitsfeier wartet.

Wayne, sein Boss und die Polizei entscheiden, dass wir es trotzdem wagen. Wir müssen aber ständig Funkkontakt halten. Ortschaften auf der Strecke sind Fehlanzeige. Über eine Staub- und Geröllpiste, die uns 38 Kilometer erspart, erreichen wir die Hauptstraße. Der Sturm um uns tobt wild und farbenprächtig. Dank Waynes ruhiger und umsichtiger Fahrweise geht alles gut. Nach einem kurzen Stopp an einer legendären Trucker-Kneipe mitten im Outback – ein Erlebnis der ganz besonderen Art – landen wir unbeschadet kurz vor Einbruch der Dunkelheit in Broken Hill. Die anschließende Dusche befördert Tonnen von rotem Sand in den Abfluss. So dreckig war ich noch nie.

Kleinstadtcharme im Outback

Abenteuerliche Ausflüge und Wetterkapriolen haben mich bisher davon abgebracht, auch mal ein paar Worte über das sympathische Bergbau-Städtchen Broken Hill fallen zu lassen, deren Bewohner mich so herzlich empfangen haben. Jetzt rückt es endlich in den Mittelpunkt des Geschehens.

Broken Hill ist ein Bergbauzentrum mit Outback-Flair. Hier in der australischen Variante des Ruhrgebiets bekommt man ein konkretes Gefühl dafür, wie es ist, inmitten eines riesigen, unbewohnten Landstrichs zu leben. Das 1883 gegründete Städtchen mit rund 30 000 Einwohnern wartet mit dem größten bekannten Blei-, Zink- und Silbervorkommen der Welt auf. Zink spielt dabei die größte Rolle. Am Stadtrand liegt eine sieben Kilometer lange, 200 Meter breite und 1200 Meter tiefe Erzader, die es auszubeuten gilt. Im Zentrum stehen einige sehr sehenswerte Gebäude aus den Gründerjahren. Die Straßen der Stadt sind schachbrettartig angelegt und nach Metallen und ihren Verbundstoffen benannt. So kommen Kobalt, Silber, Sulfid und Co. mal zu ganz anderen Ehren.

In den letzten Jahren hat sich Broken Hill auch einen Namen als Kulturstadt gemacht, ohne seine Geschichte als Bergbauzentrum zu verleugnen. Der bekannteste Künstler der berühmten Malerschule „Brushmen of the Bush" ist der 2006 verstorbene Ex-Bergmann und Maler Pro Hart. Kulturjunkies können sich hier in zahlreichen Galerien und Museen austoben. Hier hofft man vergebens auf ein paar Tage in bräsiger Langeweile in der Provinz.

Man kann auch Minen besichtigen und die Royal Flying Doctor Service Base, bestehend aus Flugplatz und Museum, besuchen. Die „fliegenden Ärzte" garantieren als gemeinnützige Institution für Menschen in den dünn besiedelten Outback-Regionen per Flugzeug die ärztliche Versorgung. Die Organisation arbeitet rund um die Uhr und versteht sich sowohl als Notfallhilfe als auch als Unterstützung in der allgemeinen Gesundheitspflege. Wenn es nicht nötig ist, dass ein Arzt vor Ort erscheint, erteilen sie Ratschläge auch per Telefon oder Funkgerät.

Am heutigen Samstag unternehme ich nicht so viel. Ich frühstücke ausgiebig im Argent Street Café und versorge mich im gegenüberliegenden Bioladen mit ein paar Müsli-Riegeln und Trockenobst für die morgige Zugfahrt nach Adelaide. Mit der gesprächigen Ladeninhaberin plaudere ich eine Weile. Sie zeigt mir – das tun alle hier! – ihr mit dem Handy aufgenommenes Video vom Sturm vergangenen Mittwoch. Das ist hier wirklich DAS Thema, denn das Phänomen ist ungewöhnlich und beschäftigt die Gemüter. Hier in Broken Hill war der Himmel offenbar zehn Minuten lang tagsüber komplett schwarz. Die

Broken Hill: Stadt trifft Abraumhalde

große Putzorgie, die die Ladenbesitzerin danach einlegte, erwies sich als unnötige Arbeitsbeschaffungsmaßnahme, weil der gestrige Sturm gleich die nächste Staubschicht über ihre Waren verteilte.

Bei Sonnenschein und recht stürmischem Wind unternehme ich einen kleinen Rundgang durchs Städtchen und trabe zurück ins Motel. Denn heute ist Office Day! Ich habe seit Dienstag wegen akuter Abenteuer- und Erlebnisdichte nichts mehr geschrieben, was ich an diesem Nachmittag nachhole. Zudem wollen Hunderte von Fotos der letzten Tage ausgelesen, aussortiert und in die engere Auswahl aufgenommen werden. Auch habe ich meine Pläne, was die nächsten Tage betrifft, leicht geändert. Das bedeutet ein paar Um- und Zusatzbuchungen bei Hotels und einer organisierten Tour, die auch mal erledigt werden wollen. Nach einem kurzen Stromausfall in der kompletten Stadt – nein, kein weiterer Sandsturm! – skype ich ausgiebig mit Stefan und meinen Eltern. Abschließend noch ein paar Krimi-Seiten und mein müdes Haupt sinkt in die Kissen.

Im „Indian Pacific" gen Westen

Es ist Zeit, das Leben weiter in vollen Zügen zu genießen. Ich laufe am frühen Morgen, mit all meinem Hab und Gut bepackt, die Chloride Street bis zum Bahnhof herunter und checke mein Gepäck ein. Ein uralter Herr betreibt direkt auf dem Bahnsteig seinen Trödelstand. Ich kann es nicht lassen und erstehe einen Kühlschrankmagneten mit dem „Indian Pacific" drauf. Da ich früh dran bin, reicht die Zeit noch für einen Milchkaffee bei Charlotte's draußen in der Sonne. Ich verabschiede mich von Broken Hill. Die drei Tage hier werden mir sicher auf ewig in Erinnerung bleiben! Wilde Stürme, Bergbau, Künstler, Transvestiten – hier muss man mit allem rechnen.

Im Großraumwagen finde ich meinen Gangplatz neben Colin, einem älteren Herrn, der seine Tochter auf Kangaroo Island besuchen will. Charmant, wie er ist, überlässt er mir seinen Fensterplatz. Er hat die Szenerie schon oft genug gesehen. Wie sich herausstellt, plaudert er gern. Für eine Weile finde ich das ganz nett, aber nach über einer Stunde ist mein Kommunikationsbedürfnis gestillt. Ich werde zunehmend einsilbig und beschränke meine Antworten auf ja, nein und hm. Stattdessen schaue ich aus dem Fenster, bestaune die Landschaft, hänge meinen Gedanken nach und werfe den einen oder anderen Blick in meinen Krimi. Die Amerikaner in der Reihe nebenan verzweifeln währenddessen an den Durchsagen, die durch den Lautsprecher scheppern. Colin übersetzt bereitwillig. Irgendwie beruhigend, dass nicht nur ich bisweilen am Slang der Aussies – so bezeichnen sie sich im Übrigen selbst – scheitere.

Die Fahrt nach Adelaide – südwestlich von Broken Hill im Bundesstaat South Australia gelegen – dauert knapp sieben Stunden. Während der ersten drei Stunden zieht draußen die schon vertraute, flache Outback-Landschaft vorbei: rotbraune, trockene, staubige Erde, hier und da ein paar Büsche, Schafe, Ziegen, Emus. Keine Kängurus. Die liegen vermutlich entweder im Schlummer, gebraten auf dem Teller oder tot am Straßenrand. Je mehr wir uns Adelaide und der Küste nähern, umso grüner und üppiger wird es. Dann folgen Farmland und die ersten kleinen Ortschaften. Gegen 15 Uhr bin ich am Ziel.

Da der Bahnhof für die überregionalen Züge außerhalb der Innenstadt liegt, schnappe ich mir das nächste Taxi. Ein schweigsamer Inder mit Turban kutschiert mich ins Hotel. Dort beschäftige ich eine Weile die beiden Damen an der Rezeption. Ursprünglich hatte ich hier nur zwei Nächte im Standardzimmer gebucht. Gestern hatte ich dann beschlossen, den Aufenthalt um eine Nacht zu verlängern. Da – zumindest via Internet – hierfür kein Standardzimmer mehr frei war, musste ich die teurere Superior-Variante buchen. Vor Ort bitte ich die Damen nun, mir nach Möglichkeit einen Umzug für diese eine Nacht zu ersparen. Ich lasse es darauf ankommen und warte ab, wie sie das Dilemma lösen. Großzügig entscheiden sie, mir für alle drei Nächte das teurere Zimmer ohne Aufpreis zu geben. Kein Umzug, schickere Bude und – Tusch! – freies WLAN, das im Standardzimmer gebührenpflichtig gewesen wäre.

Ich werfe den Ballast in meinem Zimmer ab und erkunde für den Rest des Nachmittags die nähere Umgebung. Kühle 14 Grad zwingen mich, die Jacke bis zum Anschlag zu schließen. Zwischendurch benetzt feiner Nieselregen meine Brille. Der Schirm liegt indes unbehelligt und faul im Hotel rum. Da ich zufällig am Zentralbahnhof vorbeikomme, will ich spontan ein Ticket für meine am Mittwoch geplante Zugfahrt nach Melbourne erwerben. Den Flyer mit den Abfahrtszeiten in der Hand, versuche ich mein Glück am nächsten Schalter. Der brummelige Typ dahinter teilt mir in knappster Weise mit, dass es hier nur Tickets für Regionalzüge gibt. Da er weiter nichts verlauten lässt, frage ich nach, wo ich das Gewünschte bekomme. An einem anderen Schalter? In einem Reisebüro? Nur am Abfahrtsbahnhof? Nur online? „Steht alles in Ihrem Flyer", rotzt er mich an. Steht es nicht, du Ekelpaket. Wortlos verlasse ich den ungastlichen Ort und kehre ins Hotel zurück. Die nette Dame an der Rezeption, mittlerweile an Kummer mit mir gewöhnt, bucht für mich ein Online-Ticket und reicht mir freundlich den Ausdruck. So bleibt mir der Weg zum „richtigen" Bahnhof erspart. Das Leben kann so einfach sein.

Adelaide

Aparter Küstenort Glenelg

Adelaide

Strandleben vom Feinsten

Nach dem vielen Staub, den ich die letzten Tage schlucken musste, lechze ich heute nach einer kühlen Meeresbrise. Lungen-Laundry an Adelaides Stränden lautet das heutige Motto. Ich kaufe eine Tageskarte für den öffentlichen Nahverkehr und lasse mich von der Tram nach Glenelg transportieren. Sie schnurrt geräuscharm durch gepflegte Vororte mit schnuckeligen Häuschen und spuckt mich 20 Minuten später an der Küste aus. Die Sonne lässt sich blicken – erst zögerlich, dann brezelt sie wagemutig auf über 20 Grad auf. Das ist was für Adelaide um diese Frühjahreszeit. Gleichzeitig weht die ersehnte kühle Brise mit einem angemessenen Hauch von Fischgeruch durch meine strapazierte Nase. Das tut gut!

Glenelg ist ein äußerst apartes Küstenörtchen mit einer einladenden Flaniermeile, die mit kleinen Läden, Cafés und Restaurants gespickt ist. Die Town Hall auf dem Moseley Square kann sich ebenfalls sehen lassen. Die öffentliche Toilette überrascht mit Klaviermusik aus dem Off. Nein, natürlich nicht live. Unschlagbar ist die großartige Promenade an der Küste entlang, die sich bis in den nächsten Ort durchzieht. Tolle Häuser mit Meerblick unterstreichen das Motto „Schöner Wohnen." Und jetzt wage ich den ersten unvermeidlichen Vergleich: Adelaide kann als Stadt mit Sydney nicht ganz mithalten. Aber die Strände, die sich auf eine Gesamtlänge von über 30 Kilometern am Stück erstrecken und die Küstenvororte hier sind um Klassen besser. Ich trödele am Wasser entlang. Völlig vertieft und konzentriert fotografiere ich diverses Zeug, das im Sand herumliegt. Da! Schon wieder eine Schönheit vom Strande. Ich scheitere an meinem Vorsatz, keine Muscheln mehr zu sammeln. KEINE. Na ja, für die fünf kleinen Exemplare werde ich doch irgendwo noch ein Plätzchen im Rucksack finden.

Wieder zurück am Moseley Square, gönne ich mir ein Mango-Shake, setze mich auf eine Bank und beobachte das Leben um mich herum. Plötzlich steht eine Asiatin vor mir und drückt mir wortlos ihre Kamera in die Hand. Sie will nur das Eine: ein Foto von sich selbst mit der Town Hall im Hintergrund. Kann sie haben, auch wenn mir dieses Phänomen des „Ich war hier"-Beweisfotos ein ewiges Rätsel bleiben wird. Anschließend bedankt sie sich kopfnickend und setzt sich neben mich. Und jetzt wird es bizarr. Freudestrahlend zieht sie einen handgeschriebenen Zettel aus der Tasche, auf dem auf Englisch steht: „Ich komme aus Shanghai. Ich spreche kein Englisch. Ich bin hier, weil ich meinen Sohn besuche, der hier studiert." Herrlich! Ich nicke und strahle freundlich zurück. Sie ist glücklich, somit wenigstens ein Minimum an Kommunikation zustande gebracht zu haben und verabschiedet sich.

Ich nehme den Bus 110 nach Henley Beach. Der Busfahrer nuschelt und grantelt vor sich hin. Seit gestern haben sich die Fahrpläne und teilweise auch die Strecken der Busse geändert. Ständig muss er Fragen beantworten, auch meine. Kunden sind lästig. Ohne sie liefe der Fahrbetrieb wesentlich reibungsloser.

Zum Ausgleich komme ich mit einem hilfsbereiten Mitfahrer ins Gespräch. Es stellt sich heraus, dass er fünf Jahre in Berlin gelebt und Antik-Trödel an vorwiegend amerikanische Kundschaft verkauft hat. Anfang der 1980er-Jahre kehrte er schließlich nach Australien zurück. Er erläutert mir detailliert die alte und neue Streckenführung dieser Buslinie und schwupps bin ich auch schon da, wo ich hin will.

Schöner schlafen: Henley Beach

Ich bin hin und weg von Henley Beach. Das Örtchen ist kleiner als Glenelg, aber nicht weniger schön. Die relaxte Atmosphäre und der Strand inklusive Promenade sind fantastisch, die Handvoll Cafés und Restaurants auch. Hier verbringe ich den Nachmittag und lasse es mir gut gehen. Heute sind einige Laufkilometer zusammengekommen. Zu dumm, dass mir bisher niemand Kilometergeld dafür zahlt. Bei Interesse rücke ich gerne meine Kontonummer raus.

Zurück geht es mit dem Bus 137 nach Downtown Adelaide. Auf dem Weg zum Hotel durchquere ich die quirlige Hindley Street. Bars – auch die mit den Mädchen, die zu wenig Geld haben, um sich genügend Klamotten zu kaufen –, Kneipen, Restaurants und skurrile Läden machen diese Straße aus. Ganz am Ende gibt es eine riesige, hallenartige Live-Socker-Bier-Kneipe. Mindestens zehn große Monitore hängen an den Wänden, gut sichtbar von den Plätzen an der langen Theke und den Tischen. Kultivierte Freunde guten Weines zieht es hingegen eher ins berühmte Barossa Valley, das nicht weit von Adelaide entfernt liegt. Ohne mich. Ich bin eher Bier und Fußball.

Was braucht man mehr?

Innenansichten einer Stadt

Das 1836 gegründete Adelaide unterscheidet sich in seiner Besiedlungsge-schichte in einem wesentlichen Punkt von anderen Orten Australiens. Die Stadt wurde nicht von Strafgefangenen aufgebaut, sondern ausschließlich von freien Frauen und Männern. Adelaide ist dann auch so frei, sich dem Besucher erst auf den zweiten Blick zu offenbaren. Ich lege meinen eher zwiespältigen ersten Eindruck vom Sonntag im Laufe des Tages ad acta. Die Stadt serviert ihre schönen und lebendigen Ecken nicht bequem auf dem Tablett. Self-Service ist gefragt. Nix wie los, denn mir bleibt nur dieser eine Tag.

Ich beginne meinen Rundgang an Adelaides Prachtboulevard North Terrace, auf dem es sich trefflich flanieren lässt. Hier bündeln sich die wichtigsten und schönsten Museen, der Festival Centre Complex, Kirchen und Kultureinrich-tungen, die Bibliothek, das Parlament von South Australia und – last but not least – der ausgesprochen schöne Campus der Uni. Da würde ich mich sicher weniger in den Hörsälen herumtreiben.

Der Prachtboulevard North Terrace

Und wie ich da so hingebungsvoll fo-tografiere, höre ich plötzlich jemanden meinen Namen rufen. Verwirrt drehe ich mich um. Und wen erblicke ich? Das Lehrer-Ehepaar aus Canberra, mit dem ich zusammen den legendären Trip nach White Cliffs unternommen habe! Wir wussten voneinander, dass wir etwa zur gleichen Zeit in Adelaide sein würden. Aber dass wir uns hier tatsächlich über den Weg laufen würden, hatten wir nicht auf der Rechnung. Wir plaudern ein Weilchen, und Vic kann es natürlich nicht lassen, wieder ein Sachthema zur Sprache zu bringen. Auf der Tour nach White Cliffs quälte er mich mit seinen Detailfragen zur Isolierverglasung von Fenstern und Stromabrechnungs-modalitäten in Deutschland. Mein Englisch kennt Grenzen. Mein technisches Verständnis auch. Doch dieses Mal habe ich Glück. Er möchte sich über Mig-rationsthemen unterhalten. Der Vergleich Australien – Deutschland interessiert ihn brennend. Da kann ich inhaltlich und sprachlich noch mithalten. In heite-rer Laune verabschieden wir uns nach einer Weile und gehen unserer Wege.

Die Fußgängerzone in der Rundle Street wartet auf mich. Hier herrscht das Motto „Shop 'til you drop". Natürlich nicht bei mir. Ich bin bekanntlich viel zu faul, wochenlang irgendwelche zusätzlichen Dinge quer durch Australien zu schleppen. Trotz des vielfältigen Angebots gibt es jedoch bei der hiesigen Bevölkerung noch unerfüllte Wünsche. Ein freundlicher Herr stürzt auf mich zu und will wissen, wo ich meine Hose gekauft habe. Es handelt sich dabei um das praktische Zipp-Off-Teil, bei dem man die Beine schrittweise amputieren kann. „In Deutschland", antworte ich perplex. Er zuckt resigniert zusammen und bekennt, dass er auf diese Frage immer die gleiche Antwort bekäme. Nach einem kurzen Small Talk bedankt er sich freundlich und zieht von dannen. Und während ich beim Weiterschlendern schon konkrete Pläne schmiede, nach Australien auszuwandern, um diese Marktlücke mit der Eröffnung eines entsprechenden Geschäftes zu schließen, reiht sich entlang des Weges auch schon ein Outdoor-Laden an den anderen. Zu früh aufgegeben, der Herr!

Rundle Street

Auf dem Weg zu den Markthallen unternehme ich noch einen kleinen Abstecher zu Adventure Tours, mit denen ich Mitte nächster Woche von Alice Springs aus zu einer dreitägigen Tour ins Rote Zentrum aufbrechen werde. Netterweise haben auch sie meine kurzfristigen Umbuchungswünsche von letzter Woche ohne Klagen – und ohne Storno- und Umbuchungsgebühren, zu denen sie berechtigt gewesen wären – hingenommen. Nun lasse ich mir noch einen Beleg für den Tour-Guide geben. In den Markthallen angekommen, erschlägt mich das riesige Angebot, locken Düfte meine Nase und meinen Magen. Ich gebe nach und verleibe mir ein leckeres vegetarisches Gericht ein. Die direkt dahinter gelegene Chinatown hat Pech. Jetzt wird hier nix mehr gefuttert.

Voller Bauch studiert nicht nur nicht gern, sondern will mich auch noch zu eingeschränkter Mobilität zwingen. Na gut, dann nehme ich eben für ein Teilstück die Tram. Sie ist übrigens innerhalb der Innenstadt kostenlos. So hält man die Leute erfolgreich und sinnvoll davon ab, die Stadt mit ihren Autos zu verstopfen. Wieder am North Terrace angekommen, steige ich aus und spaziere am Ufer des Torrens Lake & River entlang Richtung Zoo und Botanischer Garten. Einige Tretboote sind heute bei dem warmen, sonnigen Wetter unterwegs. Oder war es der Tretbote? Ein vertrauensseliger Pelikan lässt sich geduldig und willig ablichten. Ich darf auch richtig nah an ihn rankommen. Ein schönes Tier! Abschließend fräse ich mich gemächlich quer durch den wunderschönen Botanischen Garten. Danach bringt mich der Bus dem Hotel ein ganzes Stück näher. Das Qualming-Socks-Syndrom fordert seinen Tribut. Die Füße sind platt. Ich auch.

Auf großem (Elefanten-)Fuß

„The Overland" – Zug um Zug

Tatort Fernbahnhof Adelaide, 6:45 Uhr. Warum treffe ich immer auf die Intellektuellen, die auch am frühesten Morgen nicht davor zurückschrecken, tief schürfende Gespräche zu führen? An der Doping-Tanke, auch Caféteria genannt, treffe ich auf Hans, einen US-Amerikaner mit deutschen Eltern, der mich auf Deutsch anspricht. Mein Akzent hat mich verraten, als ich den Kaffee orderte. Der nette Herr ist Ethnologe und unterrichtet an der Universität in Melbourne. Nach dem obligatorischen Anfangs-Small-Talk bittet er mich um eine detaillierte Analyse des Ausgangs der Bundestagswahl vom vergangenen Sonntag. Klar, dass er dann wieder lieber Englisch spricht. Wie gut, dass ich heute ausgeschlafen und generell ein Early Bird bin. So kann ich intellektuell einigermaßen mithalten. Auch um diese Uhrzeit.

It's boarding time. Höchste Zeit, dass ich ein paar Worte über das Procedere an Bord verliere. Zu jedem einzelnen Wagen gehört ein Schaffner. Sie tragen originale Uniformen mit Hüten und stehen vor der Wagentür. Die Fahrgäste stellen sich ordentlich in einer Reihe auf und warten geduldig, bis sie dran sind mit Einsteigen. Wenn es so weit ist, händigt man dem Schaffner sein Ticket aus. Er rückt es dann auch nicht mehr raus. Lange vor der Abfahrt sind alle an Bord. Das hat nicht nur damit zu tun, dass diese überregionalen Züge in der Regel nicht auf den Bahnsteig passen und hin und her rangiert werden müssen. Der Gepäckwagen am anderen Ende will ja auch noch befüllt werden.

Zehn Minuten vor Abfahrt setzt der jeweilige Schaffner im Wagen dann zu einer launigen Rede an. Wir erfahren, wie und was an Bord so alles geht: Bedienung des Sitzes, Sicherheitsvorkehrungen, wo man seine Wasserflasche auffüllen kann, welchen Knopf man drücken muss, um die Tür zur Toilette zu öffnen und – noch wichtiger – zu verriegeln etc. Dann müssen alle beweisen,

„The Overland"

dass sie kapiert haben, wie der Sitz zu verstellen ist. Kritisch beäugt der Schaffner unser zeitgleiches Tun und greift im Falle des Versagens ein. Ich bestehe den Test fehlerfrei und darf an Bord bleiben.

Es geht los. Wir verlassen Adelaide. Gerne hätte ich noch einen Tag hier verbracht, um mir Port Adelaide und den alten Friedhof direkt hier am Bahnhof anzusehen. Aber der nächste Zug nach Melbourne wäre erst am übermorgigen Freitag gefahren, und das wiederum hätte mit meinen dortigen Plänen nicht harmoniert. Donnerstags wird nur die umgekehrte Strecke bedient. Der Lautsprecher knistert. Zugmanagerin Melanie meldet sich zu Wort, nicht weniger humorig als ihr Kollege. Mit „There are 50 ways to leave your lover, but only eight to leave your train", legt sie einen gelungenen Anfang ihrer Ansage hin und hat damit gleich die Lacher auf ihrer Seite. Mit „I'm sure you'll love us" endet ihr Auftritt. Sehr charmant!

Nachdem alle Formalitäten erledigt sind, kann ich mich voll und ganz auf die draußen vorbeiziehende Landschaft konzentrieren. Adelaides Umgebung ist üppig begrünt und hügelig. Eine Weile gleitet der Overland dann durch Mischwald. Mehrmals im Laufe des Tages landen wir auf dem Nebengleis, um den kilometerlangen Güterzügen die Vorfahrt zu lassen. Zum Glück jedoch bleibt uns das Abstellgleis erspart. Diese Pausen sind in den insgesamt zehneinhalb Stunden Fahrzeit natürlich mit einkalkuliert. Ein langer Trip! Für einen ähnlichen Preis hätte ich auch nach Melbourne fliegen können, aber ich will was vom Land sehen. Da spielt Zeit keine Rolle. Eine kleine Ewigkeit bleiben wir von Ortschaften verschont. Doch immer, wenn eine Ansiedlung, so klein sie auch sein mag, am Wegesrand erscheint, erfahren wir per Lautsprecher interessante Infos, teils in Form von Anekdoten, darüber. Gutes Entertainment hier an Bord.

Nach etwa drei Stunden Fahrt flacht die Landschaft ab. Es folgen sechs Stunden Mecklenburg-Vorpommern im Mai. Wiesen, blühende Rapsfelder, in der Ferne eine Handvoll Bäume. Endlosschleife. Ich denke ehrfürchtig an Bill Murray und sein täglich grüßendes Murmeltier. Nach einer Weile ziehe ich die mentale Notbremse und schlafe ein. Wieder bei Bewusstsein, rettet mich mein Krimi. Rund eineinhalb Stunden, bevor wir Melbourne erreichen, wird es draußen industriell. Das bleibt so, bis wir die Hauptstadt des Bundesstaates Victoria erreichen. Hier regiert wieder die Eastern Standard Time. Ich stelle die Uhr um eine halbe Stunde vor, was meinen Vorsprung Ihnen gegenüber auf acht Stunden erhöht. Ab Sonntag wird das übrigens noch um eine Stunde besser, denn Victoria rettet immer am ersten Sonntag im Oktober das Tageslicht. Kein Witz. Das, was wir als Sommerzeit bezeichnen, hört hier auf den Namen daylight saving.

18:40 Uhr. Wir sind da. Ich warte auf mein Gepäck, schnappe mir das nächste Taxi und lasse mich vom zur Abwechslung indischen Fahrer in meine Bleibe kutschieren. Nach dem Einchecken verdrücke ich noch schnell bei Nando's um die Ecke einen Chicken Burger und sinke dann ermattet in die Kissen. Es macht mich immer wieder fassungslos, wie ermüdend das Herumsitzen und Nichtstun sein kann! Der Tag verging dennoch wie im Zuge.

Melbourne

Im Innern der Webb Bridge

Melbourne

Graue Eminenz – fotogen mit sprödem Charme

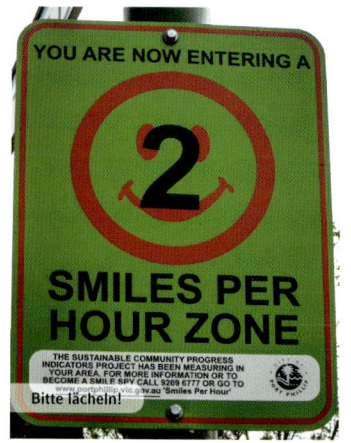

Kühle 16 Grad empfangen mich, als ich am Morgen das Hotel verlasse. Der Himmel zeigt sich in fahlem Grau. Das wird auch den ganzen Tag so bleiben. Aber es ist trocken, immerhin. Ich bin zufrieden. Denn wer in Melbourne auf besseres Wetter hofft, der kann auch weiter auf Godot warten. Die Stadt hat schließlich einen Ruf zu verteidigen.

Frohen Mutes trabe ich die St Kilda Road Richtung Innenstadt entlang. Knallbunte Papageien sitzen in den Bäumen. Aber nur so lange, bis ich meine Kamera zücke. Sobald ich alles perfekt eingestellt habe, machen sie sich kreischend auf und davon. Da lobe ich mir doch Adelaides Pelikane und die vornehmlich ganz in schwarz gewandete und somit gut zum grauen Himmel passende Bevölkerung Melbournes. Berechenbar und ablichtungswillig, zumindest von hinten.

Ich passiere die National Gallery of Victoria. Dort wickelt sich eine riesige Schlange ums Gebäude. Die Dali-Ausstellung ist schwer begehrt. Ich kenne sein Werk jedoch schon aus dem „Original"-Museum im spanischen Figueres und gehe unbeeindruckt weiter. Nachdem ich den Yarra River überquert habe, lande ich auf dem Federation Square, wo sich neben allerlei Museen auch die Touristeninformation tummelt. Ich greife einen Stadtplan ab und erkundige mich, wo ich Karten für ein Rugby oder Australian Football Game bekomme. Ich ernte mitleidige Blicke. Das Football-Finale fand am letzten Wochenende

Im Museumsviertel

statt. Das Rugby-Endspiel steht am kommenden Wochenende auf dem Programm. In Sydney. Zur falschen Zeit an den falschen Orten.

Ah, da kommt gerade die City Circle Tram, die in einem Rundparcours vornehmlich Touristen kostenlos durch die Innenstadt schaukelt. Ich springe auf und ein paar Stationen weiter an den Docklands wieder ab. Immer wieder merke ich, dass sich mir eine Stadt nur erschließt, indem ich sie mir erlaufe. Orientierung und ein Gefühl für Distanzen und die Atmosphäre stellen sich so viel besser ein. Außergewöhnliche Fotomotive – vor allem die an eine vergitterte Schlange erinnernde Webb Bridge – halten mich eine Weile in der Ecke fest. Der freundliche Kellner im Mad Duck Café am Yachthafen serviert mir einen brutal starken Kaffee, der mir für den Rest des Tages genug Pumpe zum Durchhalten verleiht. Die Docklands gehen mehr oder weniger nahtlos in den Victoria Harbour über. Auch dort drängen sich Kunstobjekte wie in Bäumen hängende Holzkühe als Fotoobjekte auf.

Zurück in die pulsierende Innenstadt. Auf der Swanston Street, einer der Hauptachsen, wird mir klar, was mein Reiseführer meint, wenn er Melbourne – nach Sydney die zweitgrößte Stadt des Kontinents – als die europäischste aller australischen Großstädte bezeichnet. Neben dem wechselhaften Wetter und der Kulturbezogenheit ist es unübersehbar die wuselige Geschäftigkeit, die die Leute durch die Gegend hetzen lässt. Zum ersten Mal, seit ich in diesem Land bin, erlebe ich Gedrängel und Geschubse.

Alt und neu in der Innenstadt

Ohne Entschuldigung, versteht sich. Als fotografierende Touristin muss ich mir sorgfältig meine Nischen suchen, um nicht jedem überall im Weg zu sein. So lande ich das eine oder andere Mal buchstäblich am Rande der Gesellschaft. Da wollte ich schon immer mal hin. Freundliche australische Gelassenheit findet sich nur dosiert in einzelnen Begegnungen. Trotzdem mag ich diese Stadt, der Fotomotive, der tollen Cafészene und der vielen Grünflächen wegen.

Wie Sie mittlerweile feststellen konnten, neige ich bisweilen zu Extremen. Habe ich mir gestern im Zug stundenlang den Hintern platt gesessen, so müssen heute die Füße daran glauben. Nach vielen Stunden Fußweg beschließe ich jedoch, mit der Tram zurück ins Hotel zu fahren, das nicht direkt in der Innenstadt liegt. Was jetzt folgt, ist eine bizarre Steigerung dessen, was ich in Adelaide am Bahnhof erlebt habe. In der zentralen Flinders Street Station gehe ich zum Fahrkartenschalter und ordere einen Einzelfahrschein für jetzt und eine Tageskarte für morgen. Ich wundere mich etwas über den Preis, den ich zu hören bekomme und frage nach. Der Typ hinter dem Schalter – überflüssig, zu erwähnen, dass er sehr kurz angebunden ist – nickt ungeduldig. Da ich die Preistafel vorher nicht auswendig gelernt habe, schiebe ich die Kohle rüber und raffe die beiden Fahrscheine an mich. Beim Weggehen werfe ich einen Blick darauf. Zwei Tageskarten.

Wieder zurück zum Schalter, wo mittlerweile ein anderer Kunde bedient wird. Als der von dannen zieht, blickt der Fahrkartenverkäufer kurz auf, sieht mich an und knallt vor meiner Nase den Rollladen seines Schalters runter. Geschlossen. Ich stelle mich in die Schlange nebenan. Als ich dran bin, schildere ich dem Kollegen kurz den Fakt, bitte um Umtausch des einen Fahrscheins und um Rückgabe des Differenzbetrages. „Haben Sie denn auch wirklich zwei Tageskarten bezahlt?", ranzt er mich genervt an. Ja, habe ich. Zum Glück verschluckt der Lärm der Umgebung seine Kommentare. Ich will es auch gar nicht so genau wissen, kann aber an Mimik und Gestik erkennen, dass es nichts Nettes ist. Immerhin bekomme ich den richtigen Fahrschein und das Rückgeld. Eines ist unstrittig: um in Adelaide und Melbourne bei den regionalen Verkehrsbetrieben arbeiten zu dürfen, muss man mindestens zehn Semester Soziopathie studiert haben. Beim nächsten Mal setze ich auf die Automaten.

Nach der Rückkehr ins Hotel am späten Nachmittag packe ich meinen Rucksack aus. Bei sechs Übernachtungen an einem Ort lohnt sich das. Ich stelle fest, dass ich akut vom Mangel an sauberer Kleidung bedroht bin. Nichts wie hin zum Selbstbedienungswaschsalon im Hotel und den Missstand beheben. Wie gut, dass sich mein Hausfrauendasein hier auf diese Tätigkeit beschränkt.

Liebe auf den zweiten Blick, dafür umso heftiger

Victoria Harbour: artgerechte Haltung?

Die Blues Brothers leben! Sie sitzen mir morgens in der Tram direkt gegenüber. Bevor es jedoch dazu kommen konnte, stolpere ich erst mal über die Füße von Elwood, die sich gar zu weit in den Gang hinaus wagten. Melbourne und seine Bewohner sind im wahrsten Sinne des Wortes umwerfend. Draußen ist es dunkelgrau. Doch das ist für die beiden Jungs noch lange kein Grund, die coolen Sonnenbrillen abzusetzen. Stilbewusstsein zeigen sie, indem sie konsequent auch die Hüte auflassen. Großes Kino!

Für heute habe ich beschlossen, Downtown Melbourne mit seiner kantigen Nervosität links liegen zu lassen. Es gibt schließlich noch andere Stadtteile, die einen ganz eigenen Charakter haben, wie sich herausstellen wird. Ich steige an der Endstation der Tram aus und befinde mich mitten in Carlton, nördlich der

Downtown gelegen. Dort befinden sich Teile der Uni und – als Herzstück – die quirlige Lygon Street mit ihren unendlich vielen charmanten, gut gefüllten und atmosphärischen Cafés und Restaurants. Wegen der italienischen Dominanz nennt sich die Ecke auch Little Italy. Ein hübsches viktorianisches Häuschen reiht sich hier an das andere. In den Carlton Gardens hat sich das riesige Melbourne Museum mit seinem futuristischen Glaspalast breit gemacht. Sieht klasse aus als Kontrast zum gegenüberliegenden Altbau des Royal Exhibition Building.

Von dort aus laufe ich weiter gen Osten und lande in Fitzroy, das mich eine ganze Weile in seinen Bann zieht. Hamburger Schanzenviertel meets Berliner Prenzlauer Berg vor der Sanierung. Das Ganze in Skurril zum Quadrat mit einer guten Prise Flair vor der Kulisse etwas heruntergekommener viktorianischer Häuser. Nichts, aber auch gar nichts hat das hier mit dem vibrierenden und hektischen Melbourne zu tun, das sich mir gestern präsentiert hat. Ich bin total fasziniert von der Mischung aus Subkultur und Avantgarde, die sich über vier im Rechteck angeordnete und recht lange Straßenzüge erstreckt. Falls Sie sich eines Tages zufällig nach Melbourne verirren sollten, sollten Sie die Brunswick, Johnston, Smith und Gertrude Street auf keinen Fall verpassen!

Schräge Läden, moderne Galerien, gut besuchte Cafés und Restaurants mit ganz eigenem Ambiente, alternative Buchläden und gruftige Friseursalons geben sich hier ein Stelldichein. Typen aller Art laufen herum. Eines eint sie allerdings. Sie tragen schwarz. Mal abgesehen von fremden Gestalten wie mir.

Keine Fotomontage!

Im „Vibe on Smith" lasse ich mich zum Lunch nieder und futtere ein leckeres Kürbissüppchen mit türkischem Brot. Der nette Laden ist ganz in – na was wohl – schwarz gehalten. Das hat den Vorteil, dass alle anderen Gäste nicht weiter auffallen, da sie dank Einheitslook harmonisch mit der Umgebung verschmelzen. Mit einem Fensterplatz gesegnet, schaue ich mir die vorbei flanierenden Leute an und betreibe meine Sozialstudien. Nach einer Weile wird mir klar, dass „Underbelly", diese großartige Fernsehserie über den Krieg der Unterwelt, wirklich nur in Melbourne spielen konnte. Wer die Serie und die Stadt kennt, kann sich in etwa vorstellen, was ich meine. Alle anderen können die Bemerkung getrost ignorieren. Witziger Weise stoße ich beim Durchblättern einer unseligen Ausgeburt von Klatschpresse namens „Who", Australiens Antwort auf „Gala", auf ein Interview mit Kat Stewart, die in besagter Serie die grobschlächtige Gangsterbraut Roberta Williams spielt. Für ihre beeindruckende Darstellung hat sie zu Recht den AFI Best Actress Award gewonnen.

In bester Laune lasse ich mich weiter durch die Gegend treiben. Als Kontrastprogramm schlendere ich durch die wunderschönen Parkanlagen der Fitzroy Gardens. Ein sehr frischer Wind kommt auf. Ich fühle mich wie im deutschen Herbst, meteorologisch gesehen. Aber ich will mich nicht beklagen, denn auch heute behalten die grauen Wolken ihren nassen Inhalt für sich. Mein in Sydney erworbener Schirm bleibt weiter arbeitslos. Die Tram bringt mich zur Elizabeth Street im Zentrum. An deren oberem Ende befindet sich der weitläufige Queen Victoria Market. Teils in Hallen, teils draußen wird die ganze Palette von typischen bis exotischen Waren aller Art angeboten. Ich liebe diese Marktatmosphäre! Und noch mehr stehe ich auf originelle Wortspiele. Die Frittenbude, an der ich auf dem Rückweg zum Hotel vorbeikomme, lehnt sich an einen Literaturklassiker an und nennt sich ganz bescheiden „Lord of the fries". Großartig! Schade, dass ich gerade keinen Hunger habe.

Great Ocean Road – Von der Küste das Beste

Toilettenhäuschen am Bells Beach

Am Tag der Deutschen Einheit läuft die Sonne zu Hochform auf. Zumindest in Melbourne und Umgebung. Welch großes Glück nach den beiden letzten trüben Tagen. Denn heute mische ich mich unter die Tagesausflügler mit dem Ziel Great Ocean Road, dem berühmtesten Abschnitt der Küste hier unten im Süden Australiens. Ein langer Tag steht mir bevor, denn es gibt einiges auf der Strecke zu sehen, was nicht gerade vor Melbournes Haustür liegt. Um kurz nach 7 Uhr morgens werde ich von Bill, dem Ex-Buchhalter und jetzigem Tour-Guide aufgegabelt. Nachdem auch der Rest der Herde eingesammelt ist, geht es über die West Gate Bridge raus aus der Stadt. Bis Torquay ähnelt die Landschaft stark der in Teilen Deutschlands. Wiesen, ein paar Bäume, der Rest flach gebügelt. Wäre da nicht der notorische Linksverkehr auf der Straße, könnte ich glatt vergessen, wo ich bin.

Kurzer Fotostopp am Bells Beach, dem Hot Spot der Surfer-Szene. Diese liegt jedoch wahlweise noch in tiefstem Koma, verweigert sich wegen der laschen Brandung oder ist bereits zum Après-Surfen übergegangen. Mit anderen Worten: gähnende Leere im Wasser und am Strand. Beim Warten auf den Rest der

Truppe spricht mich Bill an. Stolz erzählt er mir, dass er auch schon mal in Deutschland war. Beautiful Heidelberg und – noch viel besser – München. Oktoberfest. Mehr sage ich dazu nicht. Meine Erzählungen aus Sydney haben das Thema bereits ausreichend abgehandelt. Eilig versichert er mir, dass ihm sehr wohl klar sei, dass das nicht repräsentativ für Deutschland sei. Da kann ich nicht widersprechen.

Koala ...

Wir passieren das Örtchen Lorne und stoppen am Kennett River. Die Ecke ist berüchtigt für ihre geradezu verdächtige Ansammlung von landestypischem Getier. Nicht auf dem Teller, sondern echt, live, in Farbe und Freiheit. Koalas mit Jungtieren klettern in den Baumkronen herum. Ein kleines Wunder. Schlafen sie doch für gewöhnlich 18 bis 20 Stunden am Tag. Massen von Papageien umflattern uns und wollen was zu fressen. Der bizarre Kookaburra – in Deutschland als Lachender Hans bekannt – mit seinem absonderlichen Gesang gibt sich hingegen mit dem gebotenen Körnerfraß nicht zufrieden. Er will etwas Ordentliches zwischen die

... und Kookaburra bei Lorne

Schnabelteile. Bill berichtet von einem Vorfall, den er selbst miterlebt hat. Ein argloser Tourist stand hier verträumt in der Gegend herum und vertilgte seinen Hamburger. Ein Kookaburra nahm ihn ins Visier, setzte zum Sturzflug an und stibitzte ihm das Teil aus der Hand. Nur das Fleisch, versteht sich. Das labberige Brötchen überließ er großzügig dem dumm aus der Wäsche schauenden Herrn. Der Vogel mag gefräßig und dreist sein. Bescheuert ist er nicht.

Hit the road, Bill. Weiter geht es durch das Küstenstädtchen Apollo Bay hindurch Richtung Regenwald. Bei Mait's Rest spazieren wir eine wundervolle halbe Stunde lang durch einen Wald voller baumhoher Riesenfarne. Ich bin sehr beeindruckt und könnte noch stundenlang hier verweilen. Doch man kann nicht alles haben. Auf dem Rückweg zum Bus spricht mich ein schwedisches Paar in einer mir nicht verständlichen Sprache an. Sie halten mich für eine Norwegerin. Nur wegen meiner einschlägigen Rucksackmarke!

Nach dem Lunch stehen die eigentlichen Highlights des Tages auf dem Programm. Die berühmten Zwölf Apostel, von denen einige bereits abgedankt haben, warten an der Südküste Victorias auf uns. Hier gibt es Steilküste, bestehend aus Sand- und Kalkstein, bis zum Abwinken. Und da dies sehr weiche Materialien sind, haben Wind und Wasser leichtes Spiel, das Kliff in seine Einzelteile zu zerlegen. Bestes Beispiel sind die besagten Apostel, bizarre

Felsskulpturen, die im Laufe der Zeit herausgewaschen wurden. Die „London Bridge", aus dem gleichen Material, hat auf diesem Wege bereits einen ihrer zwei Brückenbögen verloren.

Überflüssig zu erwähnen, dass wir an Victorias Touristenattraktion Nummer Eins alles andere als alleine sind. Zum wiederholten Male beobachte ich er-

Great Ocean Road

staunt das Gebaren der vornehmlich asiatischen Touristen. In allen möglichen Gruppenkonstellationen posieren sie breit grinsend vor Sehenswürdigkeiten aller Art und lassen sich ablichten. Gefühlte 150 Millionen Male. Ganz wichtig ist dabei, mit dem rechten Zeige- und Mittelfinger das Victory-Zeichen zu formen. Ich reiße mich von dem Spektakel los und schieße begeistert meine eigenen Fotos. Ohne V.

Als wir wieder in Melbourne landen, ist es bereits dunkel. Die Stadt empfängt uns einladend mit ihrem Lichtermeer. Wäre ich nicht so kaputt, würde ich noch zu einem nächtlichen Stadtspaziergang aufbrechen. Packe ich aber nicht. Gute Nacht!

Sonntag in St Kilda – Lazing on a sunny afternoon

holy Sheet!

HAMBURGERS
CHIPS + SOUVLAKI SCHNITZEL
Superdry

Downtown St Kilda

Mein Sonntag gehört St Kilda. Und damit ich nicht schon am frühen Morgen den Überblick verliere, stelle ich gleich meine Uhr um eine Stunde vor. Summertime, and the living is easy. So, nun bin ich der Zeit in Deutschland um satte neun Stunden voraus. Allerdings nur zwei Tage lang. Denn ab Dienstag werde ich im Northern Territory weilen. Und dort ticken die Uhren anders, auch im übertragenen Sinne.

Durch die verlorene Stunde etwas später dran als sonst, muss ich die Tram nach St Kilda mit halb Melbourne teilen. Das liegt sicherlich nicht nur am verbilligten Sonntagstagesticket namens „Sunday Saver" für umgerechnet

1,80 Euro, sondern auch daran, dass sonntags immer der Arts & Craft Market an der Esplanade stattfindet. Und überhaupt: Melbournes Strandvorort St Kilda, rund 15 Minuten Tram-Fahrt von meinem Hotel entfernt, ist DER Platz, um einen lazy sunny sunday zu verbringen. Da ich keinen Schimmer habe, wo ich aussteigen muss, lasse ich mich der Einfachheit halber mit der Masse an der Strandpromenade ausspucken.

An der Promenade von St Kilda ...

Ich verliebe mich in St Kilda vom ersten Augenblick an. Es ist wie Fitzroy, Prenzlauer Berg und Schanzenviertel am Strand. Hier gibt es für jeden etwas. Und so tummelt sich eine wilde Mischung unterschiedlichster Leute in harmonischer Eintracht in den Straßen, auf den Plätzen und am Strand. Punks, Gothics, Normalos, Unkonventionelle und Experimentelle, Yuppies, die Mode-Avantgarde, Familien, die Homo-Fraktion, knatternde Biker, Gaukler, Alternativ-Esoteriker. Nichts und niemand gibt sich die Blöße, hier zu fehlen. Mein Reiseführer, der berühmte „Lonely Planet", bringt die Atmosphäre gut auf den Punkt. „Das Viertel ist geprägt von Extremen: Das Schäbige und das Gla-

... trifft man auf eine bunte Menschenmenge

mouröse, das Alternative und der Mainstream schmiegen sich eng aneinander. Wenn man tüchtig schnuppert, entdeckt man den Geruch von Kuchen, Pasta, Bier, Roadies, Sex, Yoga, Haarfestiger ... und der See." Treffender kann man es kaum formulieren. Es ist einfach großartig. Und die Sonne spielt heute auch wieder mit. Verdächtig, das.

Ich beginne meine Tour mit dem Besuch des originellen Kunstmarktes – mit Focus auf New Age und Aussie-Zeug – an der Esplanade. An deren Ende beginnt die Acland Street, vollgepackt mit originellen Kneipen, gut besuchten Bars, quirligen Cafés, einladenden Restaurants, Klamotten- und sonstigen schrillen Läden. Ich gönne mir einen Kaffee und beobachte fasziniert das lebhafte und doch entspannte Treiben an diesem späten Sonntagvormittag. Danach zieht es mich Richtung Strand. Auf dem Weg dorthin schlägt mir ein intensiver, strenger Geruch entgegen. Vor mir liegen die Community Gardens. Fasziniert von dem Konzept, das kurz und knapp auf einer Tafel am Eingang zusammengefasst ist, betrete ich das bunte Gelände. Hier gibt es allerlei Nutz- und Zierpflanzen und Komposthaufen – Geruchsübeltäter gefunden! –, umgeben von originellen Kunstobjekten. Hier darf sich jeder nach Lust und Laune gartentechnisch austoben. Ernten dürfen nur diejenigen, die auch

Überleitung

was angepflanzt haben. Gerätschaften zum Gärtnern werden gestellt. Man nimmt sich das Fleckchen Land, das frei ist und das man beackern will. Es herrscht das basisdemokratische Prinzip der freiwilligen Selbstkontrolle. Das scheint auch zu funktionieren. Jung und alt buddeln hier, was die Erde hergibt. Ich hingegen belasse es bei meiner Rolle als Paparazza.

Vom Gelände nebenan gellen Schreie des Entsetzens. Menschen bangen um ihr Leben und stehen Kopf. Im kirmesartigen Lunapark überschlägt sich gerade die Schiffschaukel. Oder was dachten Sie? So, jetzt aber endlich zum Strand und auf die Pier mit dem hübschen Pavillon. Dieser war 2003 abgebrannt, ist aber zwischenzeitlich wieder in voller Schönheit entstanden. Von dort aus bietet sich mir ein fantastischer Blick auf Melbournes Skyline. Wow-View! Mühsam reiße ich mich von der Beach-Szenerie los und schlendere die Fitzroy Street entlang. Dort tummelt sich allerlei Gauklervolk. Grüne Männchen geleiten mich sorgsam über die Straße. Sehr aufmerksam! Tänzerinnen und bunt gewandete Figuren auf Stelzen umgeben mich. Karneval der Kulturen im Kleinformat.

Der Hunger treibt mich ins „Fringe Cafe". Dort verleibe ich mir ein köstliches Risotto mit geröstetem Kürbis, Pinienkernen, Rucola, Parmesan und Kräutern ein. Mit gut gefülltem Magen trödele ich via Carlisle Street zur Tram, die mich am späten Nachmittag zurück ins Hotel bringt. Ich beschließe diesen wunderbar erlebnisreichen und zugleich erholsamen Tag mit meinem blutigen Krimi im Park um die Ecke. Um mich herum wuseln unendlich viele Kricketspieler. Entgegen den Melbourner Konventionen sind sie alle in traditionelles Weiß gekleidet. Auch nach längerem Zuschauen erschließen sich mir Sinn, Zweck und Ziel dieses Sportes nicht. Wie gut, dass ich wenigstens den Krimi kapiere.

Abschied in technischen Nöten

Der Himmel über Melbourne ist zum tristen Einheitsgrau zurückgekehrt. Die Sonne verschanzt sich verschämt dahinter und wagt nur kurze Auftritte. Das passt zu meiner heutigen Stimmung. Denn ich bin in akute technische Not geraten. Frohen Mutes will ich den gerade verfassten Blogbericht samt neuer Fotos ins Netz stellen. Da teilt mir mein bisher so fügsames Programm iWeb emotionslos mit, dass die Verbindung zum Server nicht zustande kommt. Ich hätte die falsche Einstellung. Das habe ich bei diversen Gelegenheiten auch schon von anderer Seite zu hören bekommen. Nach einer Weile gebe ich die dilettantischen Selbsthilfeversuche auf und hoffe auf den stets kompetenten technischen Support aus Berlin. Doch Stefan liegt in seligem Schlummer. In Berlin ist es gerade mal 1 Uhr nachts. Ich muss mich also bis heute Nachmittag gedulden. Keine meiner leichtesten Übungen.

Mir ist klar, dass mein Problem im Vergleich zu all dem Hunger und Elend in der Welt ein Witz ist. Trotzdem bin ich geknickt. Was wird aus mir und meiner Berichterstattung, wenn das Problem per Ferndiagnose von Stefan nicht gelöst werden kann? Ich darf gar nicht daran denken. Meine Kamera, mein Laptop, mein Blog. Oder habe ich das falsch im Kopf? Höchste Zeit, mich abzulenken.

Die Gegend südlich des Yarra River habe ich mir bisher noch nicht angesehen. Schnörkellos, wie die Melburnians nun mal so sind, nennen sie diesen Teil der Stadt South Yarra. Klingt logisch. Die sehenswerten Hauptachsen sind hier die Chapel Street, die Toorak Road und die Greville Street. Auf dieser „richtigen" Seite der Stadt wohnt der Geldadel. Die obligatorischen und un-zähligen Cafés, Restaurants und schicken Boutiquen säumen meinen Weg. Ziellos lasse ich mich treiben. Schaue hier, gucke dort. Heute ist eine niedrige Gangart angesagt.

It's lunch time. Im chinesischen Restaurant komme ich mit der netten Kellnerin ins Gespräch. Sie stellt mir eine Fangfrage. Sie will wissen, welche Stadt ich besser finde: Sydney oder Melbourne. Ich gebe eine diplomatische Antwort, die ich auch ernst meine. Die Städte sind so unterschiedlich, dass man sie nicht wirklich miteinander vergleichen und in eine Reihenfolge setzen kann. Sydney ist schöner und gefälliger. Melbourne ist vielfältiger und interessanter. Ewige Rivalinnen. Ich mag sie beide. Nach dem Essen setze ich meinen Rundgang im benachbarten Botanischen Garten fort. An einem Wochentag um diese Uhrzeit ist hier nicht viel los. Ich erfreue mich an der Ruhe und Beschaulichkeit und kehre früh ins Hotel zurück.

Am frühen Abend erreiche ich meinen Retter. Stefan hat natürlich gleich parat, was das Dilemma sein könnte. Die Details erspare ich Ihnen an dieser Stelle. Gewohnt souverän löst er mein Technikproblem und rettet mir den Tag. Tau-send Dank! Alles wird gut. Meine Panikattacken waren wie immer umsonst. Ich sollte mir das abgewöhnen. Wie so manches andere auch.

Alice Springs und Rotes Zentrum

Nahaufnahme des Uluru

Alice Springs und Rotes Zentrum

In the middle of nowhere

Melbourne – Alice Springs. Am sehr frühen Morgen transportiert mich der Shuttlebus durch das jetzt verregnete Melbourne zum Flughafen und anschließend eine Boeing 737 pünktlich und unspektakulär in die geografische Mitte des Kontinents. Dies ist im Rahmen dieser Reise mein fünfter von insgesamt neun Flügen und der zweite von drei Inlandsflügen in Australien. Soviel zur Statistik. Keine merkwürdigen Ereignisse, keine bizarren Auftritte von Mitreisenden. „Langweilig", höre ich Sie murmeln. Mag sein. Wir werden sehen, ob ich Ihnen beim nächsten Flug wieder mehr bieten kann.

Nun bin ich im Northern Territory, das kein Bundesstaat ist, sondern einen Sonderstatus innerhalb Australiens inne hat. Es besitzt keine Eigenstaatlichkeit wie die anderen Bundesstaaten. Vielmehr handelt es sich um eine Art Verwaltungseinheit, der ein hohes Maß an Selbstverwaltung zugestanden wurde, um deren Status den anderen Bundesstaaten anzugleichen. Theoretisch kann damit jedes Gesetz des Territory vom australischen Bundesparlament wieder aufgehoben werden. Praktisch kam das auch schon vor.

Hier im Territory werde ich die nächsten beiden Wochen verbringen. Mein Zeitvorsprung hat sich schlagartig von neun auf siebeneinhalb Stunden verringert. Das Territory „hinkt" grundsätzlich eine halbe Stunde hinterher und stellt

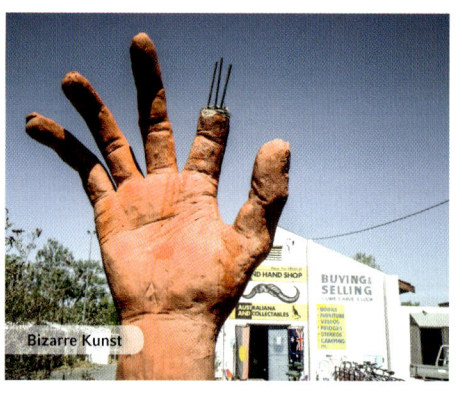
Bizarre Kunst

die Uhren auch nicht auf Sommerzeit um. Das beschert mir heute einen etwas längeren Tag. Die Außentemperaturen haben sich im Vergleich zu Melbourne verdoppelt. Trockene und sonnige 28 Grad empfangen mich.

Meine Ankunft in Alice Springs mitten im Outback beginnt heiter und unbeschwert. Der Fahrer des Shuttlebusses, der mich zum Hotel chauffiert, unterhält seine Gäste mit launigen Begrüßungsreden und lässt hier und da wohldosierte Infos vom Stapel. „Fischen gehört nicht zu unseren Hauptbeschäftigungen", lässt er uns grinsend wissen, als wir das komplett ausgetrocknete Flussbett des Todd River passieren. Das ist nicht ungewöhnlich, sondern der Normalzustand. Als wahre Einheimische gelten hier nur diejenigen, die mindestens drei Mal erlebt haben, dass der Todd Wasser führt. Da das einige Jährchen dauern kann, trennt sich diesbezüglich die Spreu vom Weizen deutlich.

Guter Dinge checke ich im Hotel ein und mache mich gleich auf den Weg ins Städtchen. Ich erstehe so nützliche Dinge wie ein Fliegenschutznetz, das ich über meine Kappe stülpen und am Hals zuziehen kann sowie ein Badehandtuch mit einschlägigen Australien-Motiven. Ich schlendere gemächlich durch die Fußgängerzone, in bester Gesellschaft mit einer überschaubaren Zahl anderer Touristen und einer Menge apathisch herumlungernder und teils betrunkener Aborigines. Hier tritt offenkundig zu Tage, was aus Menschen wird, denen ihre Art zu leben genommen wurde. Was ich hier sehe, muss ich erst mal verarbeiten.

Doch der Hunger meldet sich und lenkt mich vorübergehend ab. Beim Chinesen um die Ecke ordere ich ein Nudelgericht mit Hühnchen. Auf meine Frage, ob das von mir Auserwählte scharf sei, höre ich ein überzeugtes „Überhaupt nicht". Ich überlebe die Attacke auf meine verweichlichten Geschmacksnerven mit Mühe und Not und wanke mit brennender Chili-Schnauze von dannen. Das Desaster muss schleunigst mit einem leckeren Eis gelöscht werden. Ich kaufe im Supermarkt noch ein paar Lebensmittel und Getränke und mache mich auf den Heimweg. Es ist warm, und ich bin faul. Den Rest des Tages vertrödele ich im und am Pool. Blubb ...

Kamele, viele Köpfe und ein Monolith

Nur mit dem Nötigsten bepackt, besteige ich morgens kurz vor 6 Uhr das rustikale Allrad-Fahrzeug von Adventure Tours. Den Großteil meines Gepäcks habe ich im Hotel deponiert. Dort wird es geduldig bis zu meiner Rückkehr in drei Tagen auf mich warten. Als alle zehn Teilnehmer eingesammelt sind, starten wir ins Abenteuer namens Outback. Wie immer auf solchen Touren haben wir eine wilde Mischung an Nationalitäten an Bord: ein italienisches Ehepaar aus Venedig, eine Mutter mit Tochter aus England, ein Amerikaner, ein Holländer mit seiner australischen Frau – beide in Spanien lebend –, ein deutsches Ehepaar aus Hannover und ich. Tom, ein waschechter Australier, der sich redlich Mühe gibt, verständlich zu sprechen, ist unser Fahrer und Reiseleiter. Mit an Bord ist außerdem noch Leslie, eine junge Französin, die mit einem Work-and-Travel-Visum im Lande ist und seit kurzem für den Veranstalter Adventure Tours arbeitet. Sie ist die Köchin und Mädchen für alles.

Hinter Alice Springs beginnt ohne Übergangsphase das Outback. Ich setze rasch meine Sonnenbrille auf. So kommen die Farben noch besser zur Geltung.

Kesse Lippe

Rote Erde, ein paar Büsche, hier und da ein Hügel, trockenes Land. Doch es ist keine Wüste. Die Gegend fällt vielmehr in die Kategorie „semi-arid", also halbtrocken, da ab und an doch ein paar Tropfen Niederschlag den Weg hierher finden. Mit Vollgas heizen wir durch die Lande, denn bis zu unserem heutigen Ziel, dem Uluru – früher Ayers Rock genannt – müssen wir mehr als 400 Kilometer hinter uns bringen. Und den einen oder anderen lohnenden Zwischenstopp wollen wir auch noch einlegen. Ganz zu schweigen von einer Wanderung durch Kata Tjuta – vormals The Olgas –, die da auch noch auf uns wartet.

Im Outback ist die Hölle los

Ich erspähe einen Frauenschuh am Straßenrand und frage mich, wo der Rest geblieben ist. Kurz darauf passieren wir ein Autowrack am Straßenrand. Ob das in irgendeinem Zusammenhang steht? Auch die obligatorischen Känguru-Leichen pflastern unseren Weg. Den Adlern bieten sie ein bequemes und üppiges Frühstück. Die Jagd kann heute ausfallen. Unseren ersten Stopp legen wir bei Stuarts Well, einer Kamelfarm, ein. Nein, Sie haben sich nicht verlesen. In den Zeiten, bevor es die Eisenbahnlinie gab, führten die Afghanen Karawanen von Kamelen durch die Halbwüste. Sie waren für den Gütertransport gut geeignet. Ohne sie wäre der Bau der Telegrafenlinie von Adelaide im Süden nach Darwin im Norden ebenso wenig machbar gewesen wie der Bau diverser Eisenbahnstrecken und Grenzzäune, darunter auch der berühmt-berüchtigte Rabbit-Proof Fence im Westen Australiens.

Bei diesem Zaun handelte es sich um eine von Norden nach Süden verlaufende Schutzvorrichtung, die vorwiegend Kaninchen, aber auch andere Tiere davon abhalten sollte, sich auf Weide- und Ackerland zu tummeln oder Krankheiten einzuschleppen. Durch erste Siedler bereits Ende des 18. Jahrhunderts ins Land gebracht, vermehrten sich die Karnickel massenhaft und besiedelten den ganzen Kontinent. Zwischen 1901 und 1908 errichtet, kam der Zaun auf eine Gesamtlänge von stolzen 3256 Kilometern. Den gewünschten Effekt erzielte er nur selten. Die Holzpfähle wurden morsch, das Material korrodierte, und schlampige Zweibeiner ließen die Gatter offen. Die betroffenen Farmer wurden

daraufhin selbst aktiv. Sie zäunten ihre jeweiligen Grundstücke ein, beschäftigten eigene Jäger oder griffen zu Gift. Seit den 1950er-Jahren wurden schließlich
gezielt Erreger der Kaninchenpest eingesetzt, um die Population in begrenzten
Gebieten in Schach zu halten.

Doch nun zurück zu den Höckergesellen. Als die Eisenbahnstrecken soweit
ausgebaut waren, wurden die Kamele überflüssig. Man überließ sie der frei-
en Wüstennatur, wo sie sich seitdem munter vermehren. Sie mutierten gar zu
Australiens Exportschlager, denn die Bewohner Saudi-Arabiens und der Verei-
nigten Arabischen Emirate wissen die Qualitäten dieser reinrassigen Tiere sehr
wohl zu schätzen. Im Gegensatz zu mir, die ich mir den angebotenen Ritt auf
einem der Farmtiere doch lieber verknei-
fe. Bei mir laufen stattdessen die Akkus
der Kamera heiß.

Gefährt ...

Die nächste Unterbrechung der langen
Fahrt legen wir in Erldunda ein. Nun sind
wir am eigentlichen Mittelpunkt Australiens angelangt. Dieser Tatsache wird
hier durch die Infrastruktur gebührend
Rechnung getragen: Tankstelle, Motel,
Shop und Restaurant. Mehr braucht man
nicht. Wir verlassen den Stuart Highway
und biegen gen Westen auf den Lasseter Highway ab. Tom erfreut uns mit
Hintergrundwissen über den berühmten Namensgeber. Den guten Mr. Lasseter
ereilte dereinst ein unglückliches Schicksal, das auf unterschiedlichen kulturellen Wertvorstellungen beruhte. Auf seinen diversen Wegen quer durchs Land
in eine akute Notlage geraten, schrieb er
Nachrichten auf Zettel. Die übergab er
den deutlich ortskundigeren Aborigines,
um sie als Boten einzusetzen. Der englischen Sprache nicht mächtig und auf die
wesentlichen Dinge des Lebens konzentriert, setzten diese das erhaltene Material sinnvoll ein: sie entzündeten Feuer
damit. Da sich dieses Missverständnis
mehrfach wiederholte, war das Schicksal
des guten Mr. Lasseter besiegelt.

... und Tankstelle bei Erldunda

Ah, eine schwarze Schlange am Wegesrand! Hm, nee, doch nur ein zerschlis-
sener Autoreifen. Es wird höchste Zeit, dass wir ankommen. Sonst übernehm-
men Halluzinationen die Kontrolle über mich. Vorbei an endlos ausgedehnten

Rinderfarmen – weil wenig Wasser und wenig Grünzeug – erreichen wir unser Camp bei Yulara rechtzeitig zum Mittagessen. Marc, unser Quoten-Amerikaner, nutzt die Pause, um die technischen Rahmenbedingungen zu überprüfen. Rasch zieht er sein iPhone aus der Tasche. Als ich Interesse zeige, wird der pensionierte Museumsdirektor aus Washington D.C. gesprächig – gegen seine sonstigen Gewohnheiten. „Ein wunderbares Spielzeug", schwärmt er mit strahlenden Augen. „Und so einfach zu bedienen! Ohne dieses Teil gehe ich nicht mehr auf Reisen." Ich werfe mein Laptop und Skype in die Diskussionswaagschale. „Zu unhandlich, zu schwer, zu umständlich", lautet Marcs vernichtendes Urteil. Ich wechsele das Thema und frage ihn, welche Fleckchen Erde er denn schon bereist habe. Es stellt sich heraus, dass Reisen zu seiner neuen Daseinsform geworden ist. Er hat seine Wohnung in Washington mitsamt Inventar nach der Pensionierung aufgegeben und lebt seitdem dort, wo es ihm gerade gefällt. Zurzeit ist das Sydney. Die Sommermonate verbringt er regelmäßig in meiner Heimatstadt Berlin. Das sind seine beiden momentanen Favoriten. Und schon wieder erwischt er mich auf dem falschen Fuß. „Kennst du das ...-Museum?", fragt er mich nach einer exotischeren Variante, ganz in seinem Element. „Sorry", murmele ich verlegen, „da muss ich passen. Ich bin museumstechnisch zwar sehr weitgehend, aber nicht vollständig bewandert." Ungläubig starrt mich der Kunstexperte an. Zum Glück rettet Leslie die Situation und tischt das Essen auf. Damit kenne ich mich bestens aus.

Typische Straße durchs Outback

Nach der Stärkung fuhren wir gleich weiter zu einer kuriosen und eindrucks-
vollen Felsformation. Früher war dieses zerklüftete Felsmassiv als The Olgas
bekannt. Seit der Rückgabe des Landes an die rechtmäßigen Eigentümer heißen sie in der Sprache des hiesigen Aborigine-Volkes Anangu heute wieder
Kata Tjuta. Die Gegend gilt den Anangu als Heiliges Land. Mitten in der flachen Spinifex-Ebene erheben sich diese „vielen Köpfe". So lautet denn auch
die Übersetzung von Kata Tjuta. Die insgesamt 36 Köpfe verteilen sich auf
35 Quadratkilometer. Der höchste ist knapp über 1000 Meter hoch. Die wahre Faszination dieses Felsmassives erschließt sich uns jedoch erst auf unserer
Rundwanderung durch die zerklüfteten und überraschend üppig grünen Tä-
ler, in denen die einfallenden Sonnenstrahlen die Felsen optisch in Flammen
setzen. Es ist heiß, mein Fliegenschutz kommt zum Einsatz, ich bin glück-

lich. Nicht nur die Augen, sondern auch die Ohren bekommen einiges geboten. Stille und
plötzlich ertönendes Vogelge-
zwitscher harmonieren prächtig
miteinander.

Gut behütet

Die Krönung des Abends erle-
ben wir in der Sunset Viewing
Area am Uluru, der früher als
Ayers Rock bekannt war. Zusammen mit einem Großteil
der Erdbevölkerung bestaunen
wir die raschen Farbwechsel
und knipsen, was das Zeug hält. Mit einem Glas Sekt stoßen wir darauf an,
dass die Sonne auch heute untergeht. Mehr vom zweitgrößten Monolithen der
Erde folgt morgen. Im Camp wartet schon ein leckeres Dinner auf uns. Kochen
kann sie, die gute Leslie. Wir sitzen danach noch ein Weilchen am Lagerfeuer, für das wir das Holz unterwegs aufgesammelt hatten. Die nachmittägliche
Sammelaktion kommentierte Tom im Übrigen lakonisch mit einem lässigen
„Wenn es sich bewegt, ist es KEIN Holz." Trotz oder wegen aller überstan-
dener Strapazen sinken wir später ermattet in die Bettchen. Ein langer, aber
wunderschöner Tag. Gute Nacht, John Boy.

Auf Tuchfühlung

Wie gut, dass ich von Natur aus eine Frühaufsteherin bin. Wer in dieser Gegend
morgens schwer aus den Federn bzw. aus dem Schlafsack kommt, hat schlechte
Karten. Ab 10 Uhr wird es heiß, ab 11 Uhr wird es brutal heiß. Das bleibt so

bis 15 oder 16 Uhr. Kurz nach 18 Uhr setzt schon die Dämmerung ein. Um 19 Uhr ist es dann stockdunkel. Mit einem fantastischen Sternenhimmel, by the way. Wer hier also was sehen will, muss früh starten. So fiepen, scheppern und krachen unsere Wecker denn auch um 4:30 Uhr los. Waschanlage, Frühstück, Packen, und ab geht die Post um 5:30 Uhr. So zuverlässig die Sonne gestern Abend unterging, so wahrscheinlich ist es, dass sie heute auch wieder aufgeht. Hoffentlich prächtig in Szene gesetzt, gespiegelt auf dem Uluru. Wir sind auch zu dieser unchristlichen Zeit alles andere als alleine hier. Da sich aber fast alle brav hinter der Absperrung aufhalten, steht dem ungehinderten Foto-Shooting nichts im Wege. Ein schöner Moment!

Uluru am Morgen

Bevor wir unsere Körper fordern, muss der Geist was tun. Wir fahren zum Cultural Centre, um etwas über „tjukurpa", die Gesetze, Religion und Sitten der Aborigines, zu erfahren. In und um das Centre herum herrscht absolutes Fotografierverbot, ebenso wie an bestimmten heiligen Stätten. Dieses Verbot gilt grundsätzlich auch für die Aborigines selbst. Sie möchten nicht auf Fotos verewigt werden. Ganz dramatisch wird es, wenn ein sich auf einem Foto befindlicher Aborigine stirbt. Dann muss der- bzw. diejenige ausgeschnitten bzw. geschwärzt werden. Die Abbildung eines Toten oder auch nur die Nennung seines Namens sind absolut tabu und verstoßen in ihrem kulturellen Verständnis massiv gegen die Totenehrung. Die Kamera bleibt also schön im Rucksack. Aus den genannten Gründen habe ich auch recht wenig Fotos in Alice Springs geschossen. In der Innenstadt ist es nahezu unmöglich, Straßenszenen ohne Aborigines in den Kasten zu bannen. Ich bin hier nur Gast im Land dieser Menschen und will mich so respektvoll wie möglich verhalten. Fotos von Aborigines gibt es bei mir deshalb nicht. Auch keine Schnell-mal-unauffällig-draufhalten-merkt-ja-keiner-Schnappschüsse.

In die Respekt-Kategorie gehört weiterhin, nicht auf den Uluru zu klettern, auch wenn es offiziell erlaubt ist. Dieser Monolith ist ein Heiligtum mit einer tiefen spirituellen Bedeutung, und ein solches betritt man nicht. Wir hauen ja auch keine Kletterhaken in den Vatikan, kraxeln außen hoch und tanzen dem Papst buchstäblich auf dem Kopf herum, nur weil der Thrill so toll und der Blick über Rom vom Dach aus so schön ist. Es gibt im Übrigen noch einen zweiten Grund, weswegen die Aborigines nicht möchten, dass man auf den Berg klettert. Seit die Besteigung wieder erlaubt ist, sind mehr als 35 Menschen dabei ums Leben gekommen. Das ist für die Aborigines eine schlimme Sache. Sind sie doch als Landbesitzer – der Staat ist nur Pächter des Nationalparks – verantwortlich dafür, dass hier niemand Schaden nimmt. Stellen Sie sich vor, Sie besäßen ein Grundstück mit Haus und Garten. Da kommt einer unangemeldet vorbei, tritt durch die gastfreundlich offen stehende Haustür ein, stürmt trotz Warnschild die Treppe ins oberste Stockwerk hoch, entert Ihren Balkon wegen der tollen Aussicht, lehnt sich zu weit raus bzw. klettert übers Geländer und stürzt nicht nur in die Rosen, sondern auch gleich noch in den Tod. Wäre Ihnen auch nicht so furchtbar angenehm, oder?

Die zwei ältesten Teilnehmer unserer Gruppe, das holländisch-australische Pärchen jenseits der 70, wollen trotz der Bitten und Hinweise unseres Reiseleiters unbedingt hoch kraxeln. „Meine Mutter hat das mit 75 auch geschafft, und ich kann da jetzt nicht hoch", nölt die im spanischen Exil lebende Australierin enttäuscht. Denn die beiden Möchtegern-Helden werden vom Ranger ausgebremst. Wegen zu starken Windes ist der Aufstieg heute verboten.

„Egal, wie oft man den Felsen auf Postkarten gesehen hat, nichts kann einen auf die einsame, gewaltige Erscheinung am Horizont vorbereiten", formuliert es mein „Lonely Planet" formvollendet. Der gewaltige Klotz ist 3,6 Kilometer lang und 348 Meter hoch. Und ich rede hier nur von dem oberirdischen Teil. Es wird vermutet, dass mindestens zwei Drittel noch unter dem Sand begraben sind. Er „wächst" also mit zunehmender Bodenerosion. Zusammen mit dem netten Paar aus Hannover mache ich mich auf den Weg, den fantastischen Felsen zu umrunden. Der Rest der Truppe bevorzugt das großzügig verkürzte Halbrund – die beiden verhinderten Kletterer aus Protest – und lässt sich ein Stück mit dem Bus kutschieren. Etwa zehn Kilometer Rundweg liegen vor uns. Ich möchte keinen Meter davon missen. Als Ganzes von Weitem betrachtet, zieht er mich schon in den Bann. Doch komplett ergriffen bin ich von den vielfältigen Detailansichten, die sich mir erst bei der Umrundung vollständig erschließen. Höhlen, Malereien, Sandsteinfalten und kuriose Verwitterungsstellen in unglaublicher Farb- und Formenvielfalt machen mich schier sprachlos. Nun wird mir klar, warum dieser Nationalpark, der den Uluru und die Kata Tjuta umfasst, als eine der größten Naturschönheiten der Welt gilt.

Verheizt im Outback

Nicht ganz nach meinem Geschmack sind indes die etwas lästigen Fliegen, die mir auch heute bis in die Augenhöhlen kriechen wollen. Distanz wahren ist ihre Sache nicht. Schnell packe ich mein vorgestern erstandenes Netz aus und stülpe es über meine Kappe. Nun ist Ruhe hinterm Vorhang. Selten wurden neun australische Dollar so gut investiert.

Randvoll mit Eindrücken landen wir zum Lunch im Camp, bevor wir uns auf die lange Fahrt zum Kings Canyon machen. Auch dort wurden übrigens bestimmte Szenen aus „Priscilla – Königin der Wüste" gedreht. Transvestiten pflastern meinen Weg – nicht nur in Broken Hill. Gegen Spätnachmittag landen wir in unserem nächsten Camp, etwas schlapp nach der langen, ermüdenden Fahrt. Zum Glück bereitet die gute Leslie wie gewohnt ein köstliches Mahl, was uns wieder Kräfte verleiht – zusammen mit dem Bier. Diese reichen jedoch nicht aus, um später am Lagerfeuer auch nur halbwegs vernünftige Töne aus dem Didgeridoo rauszuquetschen, das Tom schadenfroh herumreicht. Man muss die obere Öffnung komplett mit dem Mund abdichten und gleichzeitig mit den Lippen vibrieren. Vom ständigen Atemfluss, der nötig ist, ganz zu schweigen. Meine Achtung vor den Musikern, die dieses Instrument souverän beherrschen, steigt ins Unermessliche. Meine Müdigkeit irgendwann auch. Ich gebe nach und falle in ein tiefes Koma.

Kings Canyon, Albert und eine harte Rückfahrt

Der heutige Tag beginnt mit einer humanitären Maßnahme. Wir dürfen eine ganze Stunde länger schlafen als gestern. Der Wecker haut mich also erst um 5:30 Uhr raus. Trotz bereits einsetzender Helligkeit torkeln mir auf dem Weg zur Toilette Camping-Figuren mit professionellen Grubenlampen am Schädel entgegen. Das freut die gebürtige Saarländerin in mir. Eine Stunde später sitzen wir mit Sack und Pack im Geländewagen und holpern über buckelige Pisten zum Kings Canyon. Dort angekommen, starten wir zu einer fast vierstündigen Wanderung, die anstrengend, vor allem aber faszinierend schön ist.

Es geht gleich gut los mit einer schier endlosen Zahl an Stufen, die erklommen werden wollen. Als dieser härteste Teil geschafft ist, werden wir von der umwerfenden Aussicht in die vor uns liegende Ebene belohnt. Wer nicht aufpasst, wird vom allgegenwärtigen Spinifex-Gras gepiekt. Und wer richtig Pech hat, dem bohrt sich das fiese Grünzeug tiefer ins Fleisch und macht sich dort dübelartig breit, was zu bösen Entzündungen führen kann. In unserer Gruppe fällt jedoch niemand diesem Schicksal anheim. Die Aborigines hatten ihrerseits eine schlaue Methode entwickelt. Im Gegensatz zu uns nicht mit pompösem Hightech-Schuhwerk, sondern nur mit den nackten Füßen ausgestattet, brannten sie das lästige Gras einfach großflächig ab. So war das Weiterziehen der Gruppe ohne größere Verletzungen gesichert. Pflanzlicherseits, versteht sich.

Wie frisch aus dem Farbtopf: Kings Canyon

Den Kings Canyon lassen rund 75 Prozent derjenigen, die zum Uluru pilgern, unbesucht links liegen. Sie wissen nicht, was sie tun. Schon gar nicht, was sie verpassen. Der Canyon, eine weit über 200 Meter tiefe Sandsteinschlucht mit teils senkrecht abstürzenden Wänden bildet das Zentrum des Watarrka National Park. Seine Schluchten sind tief und schattig. Da sich dort jede Menge Feuchtigkeit ansammelt, gedeihen Palmen, Baumfarne und Zykadeen. Nein, kein Rechtschreibfehler! Da diese Pflanzen Relikte längst vergangener Epochen sind, dokumentiert ihre Anwesenheit eindrucksvoll, wie sich das Klima hier in der jüngeren Erdgeschichte verändert hat. Der Kings Canyon Walk, den wir uns trotz der früh aufsteigenden Hitze gönnen, bietet uns spektakuläre Aussichten. Verwitterte Sandsteinkuppeln, die an versteinerte Bienenkörbe erinnern („Lost City"), ein üppig begrünter Bachlauf („Garden of Eden") und die steile Südwand des Canyons beeindrucken uns nachhaltig.

Hier in dieser Gegend hatten übrigens die eifrigen Erbauer der Telegrafenlinie zwischen Adelaide und Darwin keine allzu gute Zeit. Für die ersten in den Boden gerammten Pfosten nutzten sie ein Holz, das die Termiten im Nullkommanichts zernagten. Also noch mal von vorne. Das nächste verwendete Holz hielt den tierischen Attacken stand. Als die gesamte Strecke nach Jahren harter Arbeit zum wiederholten Male fertig gestellt war, brachen modernere Zeiten an. Man verwendete nun Metall. Also noch mal von vorne. Aber geht es den Anstreichern der Golden Gate Bridge in San Francisco besser? Nicht wesentlich. Kaum ist das Ende der Brücke gestrichen, ist der Anfang schon wieder fällig. Und umgekehrt. Aber was fasele ich hier eigentlich? Mir ist wohl die Hitze zu Kopfe gestiegen. Zurück zum Thema.

Erschöpft, aber zufrieden lassen wir uns danach ins Camp zurück transportieren. Das Mittagessen haben wir uns heute mehr denn je verdient. In brütender Hitze hängen wir anschließend noch ein Weilchen im kaum vorhandenen Schatten ab. Dann steht die Heimreise bevor. Tom murmelt was von „bumpy road". Was er wirklich damit meint, kapieren wir schon bald. Nach dem mehrstündigen Ritt über die unbefestigte Piste namens Mereenie Loop Road wird mir endlich klar, weshalb der Sicherheitsgurt erfunden wurde. Zum Glück ist das Wagendach hoch genug. Somit bleibt uns eine blutige Schädeldecke erspart. Um das Martyrium etwas abzumildern, legen wir heute etwas häufiger einen Zwischenstopp ein. Einer davon findet an einem unspektakulären, verfallenen und ungenutzten Häuschen statt, das aus nur zwei Räumen besteht. Es ist die ehemalige Wohnstätte eines berühmten Künstlers.

Und hier ist die Geschichte des wohl bekanntesten Aborigines Albert Namatjira. Er wuchs in der von deutschen Lutheranern gegründeten Missionsstation Hermannsburg auf und gilt als deren berühmtester Zögling. Albert wurde bekannt durch seine Landschaftsaquarelle, die er im europäischen Stil, aber auch mit vielen Traumstätten-Motiven der Aborigines malte. Schon bald wurden betuchte Weiße inner- und außerhalb Australiens auf seine Kunst aufmerksam. Diese ignorierten eine Weile den Widerspruch, den sie selbst verursachten. Bewunderten und unterstützten sie doch einen Künstler, der in ihren Augen eigentlich gar kein vollwertiger Mensch war. Schon bald erhielt er deshalb Privilegien, von denen andere Aborigines als Mündel des Staates Lichtjahre entfernt waren. Es wurde dem australischen Staat dann irgendwann doch zu peinlich, ihn wegen jeder Reise um eine Genehmigung betteln zu lassen. Zumal unter den Augen

einer größer werdenden Öffentlichkeit. So wurde Albert der erste Aborigine, dem 1957 die gleichen Rechte wie den weißen Australiern eingeräumt wurden. Davon konnten seine schwarzen Landsleute bis 1962 nur träumen.

Lost City

Dieses zur damaligen Zeit geradezu ungeheuerliche Privileg brachte den begnadeten Maler durchaus auch in Schwierigkeiten. Er gehörte weiterhin nicht wirklich zur Upper Class, hatte sich aber auch von seinen Landsleuten schon entfernt. Diese warfen ihm vor, er wisse wohl nicht mehr, wo er herkomme. Albert durfte nun wählen, frei reisen – und Alkohol kaufen. Letzteres erwarteten seine Aborigine-Leute auch von ihm. Was also tun? Der im moralischen Dilemma steckende Künstler löste das Problem, indem er Massen von Alkohol kaufte, in seinem Auto deponierte und selbiges im Ort stehen ließ, ohne es abzuschließen. So konnte ihm keiner nachsagen, er habe das Zeug aktiv unters Volk gebracht. Die hiesigen Ordnungshüter sahen das durchaus anders. Albert landete 1958 wegen Alkoholschmuggels im Knast, wo er ein Jahr später erkrankte und starb.

Wir verlassen die Ruckelpiste, die uns zwar schwielige Hintern brachte, aber auch 140 Kilometer Umweg ersparte, und biegen auf zivilisierten Asphalt ein. Am frühen Abend erreichen wir Alice Springs. Beim Abschied handele ich mir noch eine nachdrückliche und offenbar ernst gemeinte Einladung nach Venedig im kommenden Jahr ein. Das italienische Pärchen, mit dem ich während der Tour etwas mehr Kontakt pflegte, haderte während der gesamten Tour mit Toms Aussprache und Sprechgeschwindigkeit, was mich in die Position der „Übersetzerin" brachte. Nein, ich spreche kein Wort Italienisch, neige aber zu schlichterem und langsamerem Englisch. Mein deutscher Akzent ist offenbar auch leichter zu verdauen als der für Europäer ungewohnte Aussie-Sprech. Vielleicht sollte ich mich künftig in interkulturellem Dolmetschen versuchen.

Shopaholic cool im Pool

Selten waren meine Klamotten dreckiger! Während ich mir genüsslich das le-ckere Frühstück im Hotel einverleibe, müht sich die Waschmaschine mit dem Outback-Staub in meiner Kleidung ab. Ich liebe es, wenn andere für mich ar-beiten. Nachdem auch der Trockner seinen Job erledigt hat, schleiche ich in gemäßigtem Tempo ins Städtchen. Dort breche ich eine selbst auferlegte Regel. Ich kaufe Dinge ein, die man weder essen noch anderweitig aufbrauchen kann. Eine CD mit wilder Didgeridoo-Funk-Mischung und ein geheimes Mitbringsel für meinen Vater lasse ich verschämt im Rucksack verschwinden. Natürlich erst nach dem Bezahlen. Ich registriere zum wiederholten Male ein „No shoes, no service"-Schild am Eingang. Andere Länder, andere Sitten.

Ich schaue mich in diversen Galerien um. Dort hängen fantastische Aborigine-Gemälde. „Will eins haben", fordert mein Bauch. „Kriegst du nicht", entgegnet mein Kopf. Letzterer hat leider die besseren Argumente und gewinnt den Dis-put. Die größeren Exemplare, an denen ich interessiert bin, kosten ein kleines Vermögen. Die Gemälde sind ihren vierstelligen Preis sicher wert. Aber der sprengt mein nicht näher kalkuliertes Kunst-Budget um das Zigfache. Ich be-lasse es beim Anschauen und Bewundern und ziehe von dannen.

Down Town Alice Springs ist während meiner dreitägigen Abwesenheit kein bisschen aufregender geworden. Noch immer beschränkt sich das Zentrum auf ein kompaktes, schachbrettartiges Straßennetz, das gerade mal fünf Straßen umfasst. Auf der einen Seite wird es durch den Stuart Highway, auf der ande-ren durch den stets ausgetrockneten Todd River begrenzt. Auf letzterem findet übrigens in jedem Frühjahr ein großes Bootsrennen, die Henley-on-Todd-Re-gatta statt. Kein Witz. Eher ein typisches Beispiel für den schrägen Humor der Outback-Australier. Die eingesetzten Boote sind buchstäblich bodenlos. Die Besatzung wartet auf den Startschuss und läuft auf dem trockenen, sandigen

Bahnhof Alice Springs

Flussbett dem Ziel entgegen. Was machen die bloß, wenn es mal regnet? Dann fällt die Regatta ver-mutlich ins Wasser. Egal. Haupt-sache, das Bier fließt in Strömen.

Bei mir fließt mittlerweile eher der Schweiß. Das Thermometer klettert auch heute deutlich über 30 Grad. Ich trete den Rückzug an und gehe zur Hauptattraktion des Nachmittags über. Der Berg rief

Luis Trenker. Bei mir versucht der Pool sein Glück. Mit Erfolg. Ich finde ein schattiges Plätzchen für meine Liege und mache es mir mit meinem Krimi bequem. Zwischendurch drehe ich immer mal wieder ein paar Runden im salzigen (!) Nass. Ah, die Abkühlung tut gut! Abends beginne ich die Aufholjagd in Sachen Berichterstattung. Ich kann meine Leser ja nicht ewig auf dem Trockenen sitzen lassen. Das erledigt schon der Todd River.

Schöner Pfau und Bücherwahn

Das erste Lebewesen, das mir heute Morgen begegnet, ist ein prächtiger Pfau mit einem gewaltigen Federkleid. Er steht vor der Glastür, die den Pool-Bereich vom Hotelgebäude trennt. Sehnsüchtig schaut er herein. Der rote Knopf, den man drücken muss, um die Tür zu öffnen, bleibt für ihn unerreichbar. Der Schönling ist draußen auch viel besser aufgehoben.

Nach dem Frühstück begrabe ich die gestern für heute gefassten Pläne. Eigentlich wollte ich mir ein Fahrrad leihen und zum außerhalb gelegenen Alice Springs Desert Park fahren. Uneigentlich will ich jetzt lieber faulenzen. Die Sonne jagt das Thermometer auf satte 36 Grad hoch. Ich habe in den letzten Wochen viel gesehen und erlebt. Eine Pause muss her. Der gestrige Nachmittag hat nicht ausgereicht. Das war nur das Aufwärmprogramm. Also beschränke ich mich auf einen kurzen Spaziergang am Todd River entlang, lausche verzückt der freestyle kreischenden Vogelwelt – heute dominieren die Papageien – und kehre im Laufe des Vormittags wieder ins Hotel zurück.

Was jetzt kommt, dürfte Sie kaum überraschen. Mit ein paar Runden im Pool und einer Liege im Schatten ist mein heutiges Glück perfekt. Ich lese den großartigen Krimi „The Girl with the Dragon Tattoo", von Stieg Larsson zu Ende und halte Ausschau nach einem potenziellen Opfer, dem ich das Werk aufs Auge drücken kann. Sie wissen schon, die begrenzten Rucksack-Kapazitäten und meine beharrliche Weigerung, Bücher wegzuwerfen. In einer gut beschäftigten Mutter, die sich in meiner Nähe niederlässt, finde ich eine dankbare Abnehmerin. Nachdem sie sich ihrer vier Kinder endlich im Pool entledigt hat, sinkt sie seufzend in ihre Liege. Sie freut sich sehr über mein Angebot und nimmt es strahlend an.

Zeit für Bildungslektüre. Die großartige Australien-Ausgabe der „Kultur Schock" -Reihe habe ich in letzter Zeit etwas vernachlässigt. Nun ist sie wieder dran. In wunderbarer Bräsigkeit vertrödele ich den Tag mit einem Triathlon: Liegeposition verändern, Buchseiten umschlagen, im Pool plantschen. Herzlichen Glückwunsch zur Goldmedaille.

Abschied mit Hindernissen

Dieser Tag wird nicht als der glorreichste in die Geschichte meiner Australienreise eingehen. Das zeichnet sich schon in der Nacht zuvor ab, die ich mit heftigen Magen-Darm-Krämpfen zwischen Bett und Bad verbringe. Irgendeine der gestrigen Mahlzeiten meinte es offenbar nicht allzu gut mit mir. Am Morgen kommen noch latente Übelkeit und Schwindel dazu. Das ist heute insofern besonders ungünstig, da die Abreise ansteht. Ich verdränge den Gedanken an die 24-stündige Zugfahrt, die ich heute Abend antreten muss und sichere erst mal das kurzfristige Dasein im Hier und Jetzt. Ich rufe die Rezeption an, schildere meine Situation und bitte darum, mein Auschecken auf den Nachmittag verschieben zu dürfen. Das Hotel ist kulant und gewährt mir meine Bitte ohne Aufpreis. So habe ich noch ein paar Stunden Zeit, mich mit heißem Tee im Bett zu verkriechen.

„The Ghan"

Am frühen Nachmittag fühle ich mich etwas stabiler, raffe mich auf, packe im Zeitlupentempo mein Zeug zusammen, schleppe mich unter die Dusche und checke aus. Ein Taxi bringt mich und mein Gerümpel zum Bahnhof. Dieser ist übrigens nur vier Mal pro Woche für je zwei Stunden geöffnet. Denn nur dieser eine Zug hält hier, und zwar zwei Mal pro Woche pro Richtung. „The Ghan" ist nun zum Einsteigen bereit. Seufzend lasse ich mich in meiner Einzelkabine auf den Sitz plumpsen. Geschafft. Ich verlasse Alice Springs um 18 Uhr nicht, ohne erneut Bewunderung dafür zu empfinden, wie die Menschen es hier hinbekommen haben, inmitten dieses Halbwüsten-Nichts solch eine blühende Stadt-Oase zu erschaffen. Man vergisst fast, wie weit man von jeglicher sonstiger Zivilisation entfernt ist, nämlich mehr als 1000 Kilometer.

Dies ist meine vierte, längste und zugleich letzte Zugfahrt auf dieser Australienreise. Alten Traditionen folgend, lasse ich auch heute ein paar Fakten zum Zug vom Stapel. „The Ghan" durchquert das Land von Adelaide im Süden nach Darwin im Norden. Die gesamte Streckenlänge beträgt 2979 Kilometer. Davon bereise ich, die ich erst in Alice Springs zusteige, knapp die Hälfte, nämlich 1420 Kilometer. Inklusive des vierstündigen Aufenthaltes in Katherine werde ich 23,5 Stunden unterwegs sein. Der nördliche Streckenabschnitt zwischen Alice Springs und Darwin konnte übrigens erst 2004 nach langer Bauzeit und vielen Komplikationen in Betrieb genommen werden. Denn was nützen die tollsten Gleise, wenn das Gleisbett ständig weggeschwemmt und abgetragen wird? Da waren Geduld und Langmut gefragt. Letztendlich musste auch noch hier und da darauf geachtet werden, dass keine Heiligen Stätten der Aborigines, die hier im Northern Territory besonders zahlreich vertreten sind, vom Bau betroffen waren.

It's dinner time. Ich überlege, ob ich es wagen soll oder nicht. Einerseits habe ich so was von keinen Hunger. Andererseits habe ich den ganzen Tag außer drei Löffeln Joghurt noch nichts gegessen und bin deshalb auch kreislauftechnisch etwas gehandicapt und schlapp. Also auf in den Speisewagen. Dort verbringe ich eine nette Zeit mit einem Paar aus Perth, der einzigen größeren Stadt in Westaustralien, das mir auf dieser Reise leider durch die Lappen geht. Eine ebenfalls sehr charmante, ältere Dame aus Hervey Bay, Queensland komplettiert unser Quartett. Ich picke vorsichtig den einen oder anderen Happen vom Teller und lasse das meiste liegen. Ein Rückfall ist das Letzte, was ich gebrauchen kann. Aber alles wird gut. Magen und Darm verzichten auf weitere Rebellionen und nehmen die vorsichtige erste Nahrungsaufnahme einigermaßen gelassen hin. Als ich in die Kabine zurückkehre, hat ein guter Geist bereits mein Bettchen aufgeklappt. Ich öffne die Jalousie, um den famosen Sternenhimmel zu bewundern. Aber nicht lange. Gegen 21:30 Uhr bin ich endgültig platt und sinke ins Kissen. Geschafft. Umdrehen. Schlafen.

Darwin und Nationalparks
im Northern Territory

Felsmalereien Ubirr und Nourlangie Rock

Darwin und Nationalparks im Northern Territory

„The Ghan" – Szenerie im Wechselbad, Langeweile in Katherine und klebrige Schokoladentorte

Gerumpel, Geruckel und ein nächtlicher Stopp in Tennant Creek inklusive Alarmsignal und Reparatur am Zug, wovon ich am nächsten Morgen von anderen Mitreisenden erfahre, haben es nicht geschafft, mich aus meinem komatösen Schlaf zu reißen. Gut ausgeschlafen und nur noch ein ganz klein wenig wackelig auf den Beinen, begebe ich mich zum Frühstück in den Speisewagen. Diesmal habe ich drei andere Kandidaten am Tisch. Eine schöne Abwechslung, da sie ebenfalls sehr nett sind. Wieder nur Australier. Wo sind eigentlich meine vielen Landsleute, die angeblich in Scharen den Kontinent bereisen? Die scheinen mich zu meiden wie die Pest.

Nach dem sehr frühen Frühstück gehe ich wieder in mein winziges Abteil zurück und vergnüge mich mit hochgelegten Füßen an der vorbeiziehenden Landschaft. Sie wird grüner, die Bäume wachsen höher. Die Termitenhügel auch. Hier übergibt die Halbwüste den Staffelstab an die Tropenlandschaft. Gegen 9 Uhr erreichen wir Katherine, wo wir vier Stunden Aufenthalt haben werden. Beim Aussteigen wird auf einer Liste brav abgehakt, wer den Zug verlässt. Ich nutze die Möglichkeit, mit dem Shuttlebus ins fünf Kilometer entfernte Städtchen zu fahren. Ich frage mich bei der Gelegenheit zum wiederholten Male, wieso die Australier die Bahnhöfe häufig so weit von den Orten entfernt platzieren. Doch niemand antwortet.

Ohne einen Anflug von Diplomatie spreche ich es aus: man kann durchaus sterben, ohne Katherine gesehen zu haben. Sollte es Sie irrtümlich zufällig einmal hierher verschlagen, sollten Sie nur kurz tanken, einen Kaffee trinken und sich dann schleunigst vom Acker machen, bevor die Tristesse von Ihrer Seele Besitz ergreift. Die umliegenden Nationalparks sind nämlich die eigentliche Attraktion dieses Teils des Northern Territory. Ich schleiche bei drückender tropischer Schwüle einmal die Hauptstraße auf und ab. Herumlungernde Aborigines, teils latent betrunken, der eine oder andere white fella und eine Handvoll Touristen langweilen sich hier genauso wie ich. Die öffentliche Bibliothek lädt mit ihrem „breastfeeding welcome"-Schild auch die jungen Mütter ein. Falls die nicht schon längst aus der Stadt geflüchtet sind. Kurzer Abstecher zur alten Eisenbahnbrücke. Auf dem Rückweg kommt mir eine laut und herzhaft lachende Frau auf dem Fahrrad entgegen. Erheitert frage ich sie nach dem Grund. „Ich freue mich über den Fahrtwind!", lautet ihre Antwort. Wunderbar. Beschwingt trete ich den Rückweg zum Bus an, der mich wieder zum Bahnhof katapultiert.

Beim Einstieg in den Zug bewundere ich zum wiederholten Male die vielen alten, teilweise schon sehr gebrechlichen Australier, die, teils auf Rollator oder gar Rollstuhl angewiesen, diese langen Zugfahrten auf sich nehmen. Enge Gänge, alte Züge – Lichtjahre von unserem ICE-Standard entfernt –, rumpelige Strecken und lange Fahrtzeiten halten sie nicht von ihrer Begeisterung ab, ihr eigenes Land auf diese traditionelle und fast schon romantische Art zu bereisen. Sie genießen das auch in vollen Zügen, in voller Lautstärke und – last but not least – mit vollen Gläsern, wie ich immer wieder in der Lounge und im Speisewagen feststellen kann. Und im Gegensatz zu Weicheiern wie mir, die immer nur Teilstrecken befahren, nehmen sie oft die ganze Distanz mit. Es ist ja auch eine ganz besonders schöne Art des Reisens, auch wenn sie mit etwas Anstrengung verbunden ist. Die nehme ich – in psychohomöopathischerer Dosis – auch gerne auf mich.

Nach dem Mittagessen treffe ich beim Durchqueren der Lounge auf den weiblichen Part des Paares aus Perth, das gestern Abend mit mir zusammen aß. Netterweise fragt sie mich, ob es mir denn schon besser gehe. Wir plaudern ein Weilchen. Plötzlich fasst sie sich beherzt in die weit ausgeschnittene Bluse – bitte kein breast feeding! –, lacht lauthals los und klärt mich über ihr Malheur auf. Ihr Nachtisch, ein sehr klebriges Stück Schokotorte, ist von der Gabel gleich in ihren Ausschnitt gestürzt, ohne den Umweg über den Mund zu nehmen. Sämtliche Rettungsversuche führten wohl dazu, dass sich die Masse über den kompletten vorderen Teil des BHs verteilte und sich nun langsam auf diesem und auf ihrer Haut in die Einzelbe-

Die Waterfront in Darwin

standteile auflöst. Oh Mann, diese Aussies, ihre ungeschliffenen Manieren und ihre derbe Direktheit! Irgendwie mag ich das.

Überraschend schnell verging auch dieser Tag. Schwupps, schon sind wir in Darwin am nördlichen Ende Australiens angelangt. Ich verfrachte mein Gepäck ins Hotelzimmer und unternehme einen ersten kurzen Rundgang. Herumgesessen und -gelegen habe ich in den letzten beiden Tagen nun wirklich genug.

Ich fülle meine Lungen bis ins letzte Bläschen mit schwülheißer Tropenluft, kehre bald ins Hotel zurück und schlafe ein, bevor der Kopf auf dem Kissen landet. Gute Nacht, Jim Bob. John Boy war vor ein paar Tagen schon an der Reihe.

Die Wucht der Tropen, bekannte Gesichter und ein Kuchenkrokodil

Ich beginne den Tag mit einem guten Vorsatz. Heute werde ich mich zum letzten Mal über das Wetter äußern. Zum einen dämmert mir, dass es wie Hohn in Ihren Ohren klingen muss, wenn ich über die feuchte Hitze schwadroniere, während Sie in der Heimat womöglich gerade die ersten Wintereinbrüche bewältigen müssen oder über Mangel an Regen in letzter Zeit vielleicht auch nicht gerade klagen konnten. Zum anderen ist es mehr als unwahrscheinlich, dass das Thermometer bis zum Ende meiner Reise noch einmal unter die 30-Grad-Marke fallen wird. Zumindest nicht tagsüber. Also immer dasselbe. Langweilig.

Die Tropen kennen zwei Hauptjahreszeiten: „The Wet" und „The Dry". Im Moment liegt die von etwa Anfang Mai bis Ende Oktober dauernde Trockenzeit in den letzten Zügen. Die Regenzeit, die meist Anfang November startet und im Laufe des April endet, steht bereits in den Startlöchern. Die derzeitige extrem hohe Luftfeuchtigkeit ist ein eindeutiges Signal dafür. Ich muss täglich mit dem einen oder anderen kurzen, aber heftigen Tropenschauer rechnen. Bisher beließen es die vereinzelten dunklen Wolken jedoch bei visuellen Drohgebärden. Cut. Thema beendet.

Auf dem Weg zum Frühstücksraum begegnet mir ein Großteil der Crew des „Ghan" mit großem Hallo. Die Truppe steigt hier auch immer ab und bereitet sich nun auf die heutige Rückfahrt nach Adelaide vor. Ich plaudere noch

Ansichten von Darwin, mal klassisch ...

kurz mit dem netten Hospitality Manager, der gestern mein kleines, nicht weiter erwähnenswertes Dilemma mit meinem Gepäck im Zug löste und widme mich dann dem Buffet. Das erste Mal seit drei Tagen kommt bei mir ein zaghaftes Hungergefühl auf. Ein sicheres Zeichen, dass ich endgültig genesen bin. Ich und kein Hunger. Nichts ist abwegiger.

Frisch gestärkt beginne ich meinen Rundgang durch Darwin. Beim ersten Fotoversuch erleidet meine Kamera einen Schwächeanfall. Sie hat den Temperaturunterschied vom klimatisierten Hotelzimmer zum feuchten Draußen nicht so schnell verkraftet wie ihre Besitzerin. Die Linse beschlägt und ist partout nicht trocken zu kriegen. Kaum drübergewischt, beschlägt sie schon wieder. Irgendwann bekomme ich die Feuchtigkeit in den Griff. Aber die Linse ist so verschmiert, dass ich mich zum Besuch eines Fotoladens gezwungen sehe. Ich erstehe einen schicken Reinigungspinsel. Und alles wird gut. Obwohl: das war ein Wetterthema. Zumindest indirekt. Gelbe Karte.

Aller denkbaren Handicaps entledigt, setze ich meinen gemächlichen Spaziergang durch das Städtchen fort. In Darwin, der Hauptstadt des Northern Territory, leben rund 100 000 Menschen aus etwa 56 Ländern. Das vergangene Jahrhundert meinte es nicht besonders gut mit dieser Stadt. Sie war die erste in Australien, die im Zweiten Weltkrieg von einer feindlichen Macht angegriffen wurde. 1942 attackierten 200 japanische Bomber den Hafen, der für die Briten strategisch bedeutend war. Es folgten im Laufe des Jahres zahlreiche weitere Luftangriffe, die von der Stadt nicht besonders viel übrig ließen. Mühsame Jahre des Wiederaufbaus folgten in dieser von den anderen Metropolen des Landes weit entfernten Stadt am nördlichen

... mal modern

Ende. Noch wesentlich effektiver erledigte der Wirbelsturm Tracy an Weihnachten 1974 seinen Job. In nur vier Stunden schaffte er es, 90 Prozent aller Gebäude der Stadt dem Erdboden gleich zu machen. Wieder alles auf Anfang.

Es ist wenig verwunderlich, dass sich die Folgen dieser beiden traumatischen Ereignisse im heutigen Stadtbild noch immer bemerkbar machen. Man sieht so gut wie keine alten Gebäude. Die Neubauten sind bis auf wenige Ausnahmen recht flach und zweckmäßig gehalten. Ich lehne mich sicher nicht zu weit aus dem Fenster, wenn ich behaupte: Darwin ist keine schöne Stadt. Und trotzdem bietet sie Flair und Atmosphäre in ihrem überschaubaren Zentrum. Neben Kunstgalerien, den unvermeidlichen Souvenirshops, Reisebüros und Boutiquen findet sich hier eine schier unüberschaubare Auswahl an Kneipen und Restaurants. Der asiatische Einfluss ist unübersehbar. Schließlich liegen Sydney und Melbourne nicht näher als so mancher Teil Asiens.

Beim Bummeln begegne ich zahlreichen vertrauten Gesichtern. „The Ghan" hat gestern bekanntlich seinen ganzen Inhalt in die Stadt gespuckt. Ich unternehme einen Abstecher zur von Baustellen dominierten Waterfront, der mich zuerst durch den Bicentennial Park führt. Herumschwirrende Libellen übertreffen sich gegenseitig in ihrer Farbenpracht. Unterdessen veranstalten zahlreiche Vögel ein facettenreiches Konzert. Man könnte auch von Höllenlärm sprechen. Ich schleiche eine Weile hier herum, bis mein Bedürfnis nach Schatten übermächtig wird. Zurück in der Stadt, suche ich mir ein schattiges Plätzchen auf einer Bank in der Fußgängerzone. Während ich genüsslich meinen Mango-Shake schlürfe, tauchen noch weitere Gestalten auf, die gestern mit dem Zug anreisten. Kleinstadt. So ist das. Beim zufälligen Blick auf die Auslagen einer Bäckerei erspähe ich eine ortsüblich verzierte Torte. Während anderswo bunte Blümchen oder öde Hochzeitspaare den Kuchen verzuckern, ist es hier ein Krokodil mit weit aufgerissener Schnauze. Willkommen in den Tropen.

Den Rest des Nachmittags verbringe ich mit meinem Krimi am Pool. Immer schön im Schatten. Die vertretbare Sonnendosis ist heute wahrlich erreicht. Am Frühabend lockt das Kino, das gleich um die Ecke liegt. „Julie and Julia" läuft dort. Ein Mädchenfilm, ich weiß. Aber der ist heute genau das Richtige für mich. Geht es unter anderem doch um eine Bloggerin. Allerdings eine, die den Berg des Ruhmes bereits erklommen hat.

Villen-Schick und Esoterik

Jetzt komme ich richtig in Schwierigkeiten. Womit fange ich an? Das böse Thema, das mit „W" anfängt, darf ich nicht mehr anschneiden. Die gelb-rote Karte will ich nicht riskieren. Krank bin ich auch nicht mehr. Kuriose Begebenheiten beim Frühstück sind heute Fehlanzeige. Keine merkwürdigen Begegnungen. Fällt der klassische Anfang heute eben aus.

Gut gesättigt wandele ich am frühen Vormittag gen Stadtzentrum und stecke meine neugierige Nase in den einen oder anderen Laden. In diversen Galerien werden wunderschöne Didgeridoos angeboten. Meine Gier wächst ins Unermessliche. „Sie will ja nur spielen" ist hier indes nicht das Thema. Reine Dekorationszwecke habe ich im Sinn. Die Teile sind erschwinglich. Wegen des Transports nach Berlin müsste ich nachfragen, was sich da machen ließe. Denn eines steht fest: in meinen Rucksack passt so ein Gerät nicht.

Aus meinen gestrigen Erfahrungen schlau geworden, ziehe ich mich während der schlimmsten Mittagshitze ins Hotel zurück. Ein Weilchen lese ich am Pool, bis mich die hinter mir stehende Palme mit einer ihrer dicken Wedel bewirft. Miststück. Zum Glück trifft sie nur meinen Arm. Doch ich wollte sowieso gerade gehen. Ein Tagesbericht will noch geschrieben werden. Am frühen Nachmittag sind alle Hausaufgaben erledigt, und ich darf wieder raus zum Spielen. Mit dem Bus gondele ich bequem meinem heutigen Nachmittagsziel entgegen.

Darwin versteckt seine Perlen abseits der Innenstadt. Die Cullen Bay hält eine wunderschöne und recht schicke Marina mit teuren Booten und noch teureren Häusern für mich bereit. Natürlich zur zum Anschauen. Hier also lagert Darwins Kohle. Wüsste ich nicht, dass die Außenaufnahmen – im Gegensatz zu den Innenszenen   zu „CSI Miami" tatsächlich aus Miami stammen, ich würde glatt behaupten, sie kämen aus Darwin. Die Hütten können wirklich mithalten.

Kulinarisches Angebot auf dem Sunset-Market in Mindil Beach

Die tropische Umgebung sowieso. Im „Buzz Café" lasse ich es mir mit Blick auf die Marina und köstlichem Salat zwischen den Kiefern gut gehen.

Der Nachmittag schreitet voran. Zeit für einen kleinen Fußmarsch zum Mindil Beach. Was für eine wunderbare Strandszenerie! Bedauerlich nur, dass hier absolutes Badeverbot herrscht. Denn an Darwins Küsten macht sich besonders um diese Jahreszeit – es ist Oktober – der Box Jellyfish, auch bekannt als Würfelqualle, Seewespe oder Stinger, breit. Es handelt sich hierbei um eine besonders giftige Quallenart, die bei Berührung ein starkes Gift absondert, das verbrennungsartige Wunden verursacht. Der Schmerz ist so heftig, dass es in der Regel zu Schockzuständen kommt. Die meisten Berührungen zwischen Mensch und Qualle enden tödlich. Und zwar nicht für die Qualle. Deshalb ist in dieser Gegend das Schwimmen im Meer nur an bestimmten Stränden, meist an kleineren Buchten gelegen, möglich. Dort wurden in der Regel Abfangnetze installiert. Aber auch das ist keine hundertprozentige Garantie dafür, dass ein ungewolltes Rendezvous mit dem gemeinen Glibberzeug ausbleibt. Es gibt auch spezielle Schwimmanzüge, so genannte Stinger Suits. Nicht schön, aber praktisch. Oder lieber doch mit Bikini im Pool?

Zurück zum Mindil Beach. Ein wunderschöner Pfad führt weiter in Richtung Fannie Bay. Auf den Holzweg wollte ich schon immer mal. Doch recht bald schon drehe ich um. Denn mein eigentliches Ziel ist der Mindil Beach Sunset Market, der hier jeden Donnerstagnachmittag direkt hinter dem Strand stattfindet. Ich nehme es gleich vorweg. Er ist großartig, nicht nur wegen der unschlagbaren Location. Originelles Kunsthandwerk wird ergänzt durch fantasievoll bemalte Didgeridoos und Peitschen aus Krokoleder. Erholen kann man sich anschließend bei einer chinesischen Fuß- oder Rückenmassage. Allerlei Klei-

Bemalte Didgeridoos auf dem Sunset Market

dung, Schmuck und Krimskrams aus der Esoterik-Ecke warten darauf, entdeckt und gekauft zu werden. Die Kulinarik-Fraktion labt sich wahlweise an Gyros, der kompletten Palette an scharfem Asia Food oder an einer der Varianten an landestypischen Burgern mit dem zur Familie der Riesenbarsche gehörenden Barramundi, Büffel oder Krokodil. Was sich jedoch hinter dem angepriesenen Aussie-Burger verbirgt, will ich lieber nicht so genau wissen. Wer danach ein paar Kalorien verbrennen will, wirft mit Bällen in die weit geöffneten Münder von aufgereihten Plastikclowns. Dosen waren gestern.

Ein bunt gemischtes Publikum tummelt sich in heiterer, entspannter Atmosphäre. Mitreißend ist ein Live-Auftritt von eMDee. Einer der Typen spielt Didgeridoo, der andere Schlagzeug. Die Mischung mag sich theoretisch kurios anhören. Praktisch aber reißt sie mich mit. Ein Glück, dass Bob Marley am entgegen gesetzten Ende des Marktes durch den Lautsprecher quillt. So kommen sie sich nicht ins Gehege.

Mit Mühe und Not widerstehe ich der Versuchung, mir Tarotkarten legen zu lassen. An anderer Stelle jedoch werde ich schwach. Mit Genuss verschlinge ich einen Krokodil-Burger. Hoffentlich rächt sich nicht der eine oder andere Kollege bei Gelegenheit im nächsten Nationalpark an mir. Nun, wir werden sehen. Ich drehe weiter munter meine Runden über den tollen Markt und fasse dann die Rückfahrt zum Hotel ins Auge. Derweil plumpst vor meinen Augen die Sonne spektakulär ins Meer. Danke, Darwin, für diesen tollen Tag.

Litchfield National Park – Termiten, Wasserschlachten und Engländer beim Abendessen

Meine dritte und letzte mehrtägige organisierte Tour startet am frühen Freitagmorgen. Tour-Guide Jesu gabelt mich gut gelaunt vor meinem Hotel auf. Der breiteste Slang Queenslands – er ist vor drei Jahren ins Northern Territory „ausgewandert" – quillt aus seinem beredten Munde. Die allgemeine Vorstellungsrunde offenbart die Zusammensetzung der 15-köpfigen – und, wie sich noch rausstellen wird, recht lebhaften und lustigen – Truppe: zwei US-Amerikaner, zwei Dänen, eine Engländerin, neun Australier und ich. Jesu versichert mir, dass er sonst immer jede Menge meiner Landsleute an Bord hat. Wie Sie bereits wissen, meiden sie mich jedoch.

Wir verlassen Darwin über den Stuart Highway. Neben unzähligen Mangobäumen ziert ein unübersehbares Mahnmal den Straßenrand. Es besteht aus mehreren echten, übereinander gestapelten Autowracks in teils üblem Zustand. Die darunter angebrachte Digitalanzeige verkündet die jeweils aktuelle Anzahl der Verkehrstoten auf diesem Streckenabschnitt. Australien mag es drastisch.

Unseren ersten Bildungs-Stopp im Litchfield National Park – die Kaffeeklatsch-Pausen erspare ich Ihnen – legen wir bei den „magnetischen" Termitenhügeln ein. Panisch raffe ich meine Metallgegenstände an mich. Doch meine Sorge ist unbegründet. Anziehend ist nur ihr Anblick. Vom Grabstein bis hin zur Kathedrale sind alle Spielarten von Interpretation möglich. Ihren Namen verdanken sie vielmehr dem faszinierenden Umstand, dass sie alle exakt von

Termitenhügel im Litchfield National Park

Nord nach Süd ausgerichtet sind. Somit verhindern die schlauen Viecher, die bezeichnenderweise auch Kompasstermiten genannt werden, eine Überhitzung des Nestinneren. Die Sonnenstrahlen treffen zur heißesten Tageszeit nur auf den Kamm der imposanten, mehrere Meter hohen Gebilde. Ganz unten hausen König und Königin. In der Mitte schuften die Arbeiterinnen. Oben thronen die Toten. Verkehrte Welt?

Puh, wir haben uns eine Abkühlung verdient. Erfreut stürzen wir uns in die Fluten der Wangi Falls. Da die Regenzeit noch nicht begonnen hat, ist das Gewässer weiterhin zum Schwimmen freigegeben. Wir müssen höchstens mit ein paar „Freshies" genannten Süßwasserkrokodilen rechnen. Diese eher nachtaktiven Vertreter werden nur unangenehm, wenn man sie stört und aufmischt. Die Salzwasser-Variante, von den Australiern gerne als „Salties" bezeichnet, dringt erst ein, wenn „The Wet" Einzug hält. Glücklicherweise treffen wir beim Plantschen aber keinen wie auch immer gearteten Vertreter der Fauna-Fraktion

Baden im Buley Rockhole

an. Die mitschwimmenden Zwei-beiner sind gefährlich genug.

Nachdem wir zwei weitere Was-serfälle, Florence und Tolmer, nur optisch genießen durften, gewährt Jesu uns freies Schwimmen im lau-schig gelegenen Buley Rockhole. Mitten in schattigem Tropengrün fällt das Wasser durch eine Reihe hinter- und untereinander gelege-ner Felsbecken, in denen man sich prächtig aalen kann. Aaaahhh, das tut gut und macht Spaß! Das Um-ziehen nach den Schwimmeinlagen gewöhne ich mir hier und jetzt ab. Es mag das Auge beleidigen und meinen Gesamteindruck nicht unbedingt verbessern, wenn ich die Klamotten über den klatschnassen Bikini zwinge. Doch der ange-nehme Kühleffekt ist nicht zu unterschätzen.

Durch die vielen Schwimmeinlagen ist der göttliche Mango-Cheesecake mit Quandong-Sauce, den es als Nachtisch zum Lunch gab, nur ansatzweise abgear-beitet. Auch die kurzen Wanderstrecken, die wir zwischendurch immer wieder zurücklegen, tragen nur unwesentlich zur Vernichtung von Kalorien bei. Egal. Es gibt Dinge, die man sich einfach nicht durch die Lappen gehen lassen kann. Das denkt sich auch unser Reiseleiter. Kaum haben wir den wunderschönen Nationalpark und alle potenziellen Gefahrenquellen verlassen, präsentiert uns Jesu ein paar Horror-Storys über ungünstig ausgegangene Meetings zwischen Giftschlangen, Krokodilen und unserer Spezies. Doch das prallt an mir ab. Ich sitze jetzt wieder im Bus und habe überlebt.

Große Spinne im Litchfield National Park

Auf unserer Fahrt nach Katherine, unserem heutigen Etappenziel, sehe ich endlich die berühmten Road Trains. Das sind die gefühlt kilometerlangen Trucks mit unend-lich vielen Anhängern, die, derart bestückt, nur geradeaus fahren können. Nichts ist leichter als das in diesem Land. Jetzt kann ich mit-reden. Wurde ich doch schon von allen Seiten gefragt, ob ich diese Könige der Straße schon zur Kenntnis genommen hätte. Guten Gewissens kann ich das nun bejahen. Wieder eine Bildungslücke geschlossen. Uff. Erleichtert drehe ich den Kopf Richtung Straßenrand. Low-Level-Gymnastik. Myriaden von Wallabys hüpfen munter in der Botanik herum. Hier im Norden lebt nur diese kleine Känguruart. Die fette Ausgabe zieht den Süden des Landes vor.

Gegen Abend verfrachtet uns Jesu in unser Motel, in dem wir die nächsten beiden Nächte unsere müden Häupter betten werden. Wohl wissend, was ich von Katherine erwarten kann, verzichte ich auf einen abendlichen Ausflug ins EpiStadtzentrum. Stattdessen vergnüge ich mich lieber mit Elaine, Mike und Georgina aus Australien sowie Jenny aus England beim Dinner im Hotelrestaurant. Wie sich herausstellt, sind die drei Erstgenannten gar keine echten Australier, sondern nur vor vielen Jahren ausgewanderte Engländer. Eine milde und verzeihbare Form von Etikettenschwindel. Nachdem der aufgeflogen ist, bringen die vier es doch glatt fertig, alle Klischees zu übertreffen. Sie tauschen den neuesten Klatsch und Tratsch über das britische Königshaus aus. God shave the Queen.

Nitmiluk National Park – Canyons, Bildung und Emus mit eindeutigen Absichten

Wer hätte das gedacht. Bietet das hässliche Entlein Katherine in der unmittelbaren Umgebung doch so etwas Fantastisches wie die 30 Kilometer lange Katherine Gorge, die die Hauptattraktion im Nitmiluk National Park ist. Genauer gesagt, reihen sich hier 13 einzelne Canyons aneinander. Während der Trockenzeit sind nur die ersten drei davon mit Schiffen befahrbar. Kanufahrer können jedoch in alle Canyons vordringen. Vorausgesetzt, sie sind bereit, ihr Gefährt über teils steile Wege zur nächsten Schlucht zu schleppen. Von dieser Art Anstrengung sind wir jedoch weit entfernt. Bräsig lassen wir uns in ein großes Ausflugsboot laden und erfreuen uns an den fantastischen Aussichten um uns herum. Laufen müssen wir auch. Aber ohne ein Boot auf den Schultern ist das eine überschaubare Aktion.

Wir passieren eine gefüllte Krokodilfalle. Schüchtern hält ein Freshie den Kopf unter Wasser. Für diesen kleinen und recht harmlosen Kandidaten sind die Fallen jedoch nicht gedacht, sondern für den bösartigen Saltie-Kumpel. Der war jedoch gerade entweder nicht in der Gegend oder zu schlau, um sich in diesen engen Käfig locken zu lassen. Es gilt allerdings als sicher, dass der zu Unrecht eingebuchtete Kollege im Laufe des Vormittags wieder auf freien Fuß gesetzt wird. Am rechten Ufer tauchen jetzt ein paar kleine Sandbuchten auf. Betreten verboten. Hier befindet sich nämlich die Kinderstube der Schildkröten und Krokodile. Wussten Sie übrigens, dass bei den Krokos die Bruttemperatur darüber entscheidet, ob ein Männlein oder ein Weiblein herauskommt? Bis zu 28 Grad entstehen eher Weibchen, bei Temperaturen darüber eher Männchen. Frauen: unterkühlt und kaltblütig. Und was passiert mit den Eiern bei Temperaturen über 36 Grad? Dann sind sie well cooked, was sonst!

Auf unserer Fahrt durch die beiden Schluchten erfreuen sich meine kurzsichtigen Augen nicht nur an der tollen Landschaft, sondern auch am Anblick der vielen Vogelarten und der einen oder anderen Schlange in den Felsen. Ach, ich könnte ewig hier herum schippern. Aber leider geht auch diese Bootsfahrt nach etwa zwei Stunden zu Ende. Jetzt ist die Bildung an der Reihe. Nicht nur bei den australischen Schulkindern, die entgegen meiner Vermutungen doch Sprachen lernen müssen. Jesu lässt uns wissen, dass Deutsch, Französisch und Japanisch die Favoriten sind. Wir haben jedoch anderes im Sinn und landen im total interessanten heimatkundlichen Katherine Museum. Dort sind unzählige Exponate – Fotos, Maschinen und Artefakte – aus der Pionierzeit zu finden, die zum Teil recht kurios anmuten. Zum Beispiel hat ein als verschroben geltender Russe, der sich vorwiegend aus Konserven ernährte, aus den Büchsen die abenteuerlichsten Kunstwerke gebastelt.

Emu Edward bei Katherine

Nach dem Mittagessen fahren wir weiter zu einer außerhalb gelegenen Galerie, die Aborigine-Kunst verkauft. Während die Mehrzahl meiner Mitreisenden Malunterricht bei einem Aborigine nimmt, bevorzuge ich wegen chronischer Talentlosigkeit den Besuch der Tierwelt hinten im Garten. Dort lebt Edward, bekannt als „The horny emu". YouTube müsste voll von Clips über ihn sein, erlangte er vor einer Weile doch große Berühmtheit. Der gute Edward war vom Schicksal arg gebeutelt. Er fand einfach keine passende Frau. So geschah es, dass er sich eines Tages Hals über Kopf in eine Touristin verliebte und diese wohl mehr als hartnäckig verfolgte. Seine Versuche blieben allerdings erfolglos. Sie wusste seine Verführungskünste einfach nicht zu schätzen. Mittlerweile leben in dem Gehege noch zwei weitere Jung-Emus. Ihr Namensgeber hat offenbar eindeutige Absichten, was ihre Verwendung betrifft. Er nannte sie Edwina und Christmas Dinner.

Weiter geht's. Die Hot Springs von Katherine wollen von unseren teils massigen Körpern gefüllt werden. Das Becken, das von den besagten heißen Quellen gespeist wird, verlasse ich jedoch schon nach fünf Minuten. Bei Außentemperaturen von 38 Grad in 32 Grad warmem Wasser rumzudümpeln ist nicht gerade das, was ich unter einer Erfrischung verstehe. Es fühlt sich eher an, als bade man in seiner eigenen ... Ach, lassen wir das. Mit nasser Haut draußen auf den Felsen zu sitzen, hat einen wesentlich größeren Kühleffekt. Jedenfalls nennt mich Jesu nach dieser für ihn unverständlichen Aktion ab diesem Zeitpunkt nur noch „verrückte Nuss".

Am Abend steht ein Dinner Cruise auf dem Katherine River an. Die meisten Wasserbewohner sind nachtaktiv und scheren sich einen Teufel darum, ob uns Menschen das passt oder nicht. Wollen wir sie sehen, müssen wir also raus in die Dunkelheit. Schon bald funkeln uns zahlreiche rote Augen entgegen. Die Freshies sind aus dem Schlummer erwacht und klauben sich nun ihr Abendessen zusammen. Wasserschildkröten und Wasserschlangen sind auch in Massen unterwegs. Letztere schießen kerzengerade aus dem Nass. Wo ist der dazu gehörige Schlangenbeschwörer mit seiner betörenden Musik? Wir leuchten wie wild mit unseren Taschenlampen durch die Botanik und freuen uns über jede Neuentdeckung. Da der Fluss während der Trockenzeit in bestimmten Abschnitten nicht tief genug ist, müssen Teile der Bootsbesatzung zwecks Gewichtsreduktion (des Bootes, oder was dachten Sie?) immer mal wieder an Land gehen und eine Strecke zu Fuß zurücklegen. Ich kann mich über mich selbst nur wundern. Mit offenen Schuhen trabe ich in tiefster Dunkelheit, nur mit der funzeligen Taschenlampe bewaffnet, mitten durch den dschungelartigen Busch am Wasser entlang. Wer weiß, was da so alles um mich rum wuselt. Und mehr Angst vor mir hat als umgekehrt.

In einer sandigen Bucht legen wir an. Dort wird unser heutiges Abendessen vorbereitet und kredenzt. Genüsslich verspeisen wir Gegrilltes und Salat. Buschromantik pur. Auch das eine oder andere hungrige Kroko kommt angeschwommen und nimmt die ins Wasser geworfenen Fleischhappen dankbar an. Ungegrillt. Das Fleisch und das Kroko. Damit wir uns nicht missverstehen.

Kakadu National Park – Campingfreuden, müde Wanderer und eine Bootsfahrt mit Krokodilen

Toilettenschilder im Nitmiluk National Park: Für Jungs ...

... und für Mädels

Morgens im Bus dominiert ein Thema: die nächste Übernachtung. Hier hatte man vorab die Wahl, entweder das Motel oder den Campingplatz zu buchen. Wie sich herausstellt, hat Georginas Mann für sie und ihre Freundin Jenny die Camping-Variante gebucht. Ohne beider Wissen und nicht gerade zu ihrer Begeisterung. Ich schlage ihr vor, sich scheiden zu lassen. Sie will darüber ernsthaft nachdenken. Als Jesu beichtet, dass es auf dem wohl eher rustikalen Campingplatz weder Duschen noch eine Möglichkeit zum Aufladen der Kamera-Akkus gibt, macht sich auch bei den freiwilligen Campern latentes Unwohlsein breit. Unser Tour-Guide schlägt vor, dass die Camper den Motel-Übernachtern ihre Aufladegeräte mitgeben, um das drohende Foto-Desaster zu vermeiden. „Macht 50 Dollar pro Nase", frotzele ich mit dem sicheren Instinkt für ein gutes Geschäft. Mike, der mit seiner Frau ebenfalls im Motel übernachten wird, schließt sich mit mir zu einem Preiskartell zusammen. So hätten wir den kleinen Aufpreis, den wir für die „Luxusvariante" löhnen mussten, locker wieder raus. Ich liebe gute Return on Investments. Am Ende des Tages entschließen wir uns natürlich, den Service für ein demütiges Dankeschön umsonst zu erbringen.

Um die erhitzten Gemüter zu beruhigen, kutschiert uns Jesu gleich morgens zu den Edith Falls. Die Faulen und Fußlahmen bleiben gleich beim unteren der drei von Wasserfällen gespeisten Naturpools. Neben dem überschaubar kurzen Weg lockt dort ein kleines Café mit einem zweiten Frühstück und einer guten Dosis Koffein. Ich hingegen oute mich als hoffnungslose Streberin und entscheide mich zusammen mit Ann und Meredith für die anstrengendere Variante: eine Wanderung zu den oberen Pools, bei der die eine oder andere Steigung zu bewältigen ist. Jesu begleitet uns und hält hier und da Kurzvorträge über Bäume, Sträucher und Blümchen, die gerade unseren wunderschönen Weg säumen. An ihm ist wirklich ein Botaniker verloren gegangen. Sollte er uns tatsächlich, wie angedroht, mit einem

Abschlusstest über die heimische Flora konfrontieren, dann werde ich vermutlich auf der Strecke bleiben. Im wahrsten Sinne des Wortes, denn die Durchfaller will er nicht zurück nach Darwin mitnehmen. „Meistens kehren 90 Prozent meiner Gäste zurück", lässt Jesu uns wissen. Ich wollte schon immer mal einer Minderheit angehören.

Die Anstrengung mit etwas Kraxelei lohnt sich wahrlich. Wir haben den wunderschönen, vom üppigen

Statt Lametta

Wasserfall gespeisten Pool ganz für uns alleine, inklusive einer fantastischen Sicht auf den unteren Pool und das uns umgebende Arnhem Land. Auf dem Rückweg entdecken wir eine hübsche, giftgrüne Baumschlange und DAS Hassobjekt des nordöstlichen Australiens: eine junge Aga-Kröte. Dieses für Mensch und Tier giftige Mistvieh wurde ursprünglich aus Südamerika importiert, um dem Zuckerrohrkäfer den Garaus zu machen. Um den kümmerte sich das vermeintliche Nutzvieh jedoch herzlich wenig. Stattdessen fand es die hässliche Kröte spannender, sich über die Jahre hinweg explosionsartig zu vermehren. Sie ist besonders im Bundesstaat Queensland zu einer schlimmen Plage geworden. Potenzielle natürliche Feinde hat sie nicht. Jedes Lebewesen stirbt bei ihrem Verzehr. Schlangen und Warane sind durch sie mittlerweile stark dezimiert worden. Fasziniert schieße ich ein Foto von ihr. Freilich, ohne sie zu berühren. Kaum bin ich fertig, greift Jesu zu einem Stein und wird zum Mörder. Ich schweige zu dieser abscheulichen Tat.

Nach einer etwas längeren Busfahrt erreichen wir den Kakadu National Park. Sein Name hat übrigens nichts mit dem kreischenden Vogel zu tun. Vielmehr stammt er von der Bezeichnung für eines der hier lebenden Aborigine-Völker, Gagudju, ab. Dieser Nationalpark ist der größte Australiens und der drittgrößte der Welt. 1987 wurde er zum UNESCO-Weltnaturerbe und Weltkulturerbe erklärt. Schon bald wird mir klar, warum. Vier große Flüsse samt ihrer Nebenflüsse durchschneiden den Park. Die Landschaft ist sehr kontrastreich. Überschwemmungsgebiete wechseln sich mit Mangrovenwäldern, savannenartigen Tiefebenen und hügeligen Eukalyptuswäldern ab. Eine schroff abfallende Abbruchkante des Plateaus rundet das Bild ab. Der Kakadu National Park kann auch mit einer erklecklichen Anzahl von hier hausenden Tieren prahlen. 25 Frosch-, 51 Süßwasserfisch-, 60 Säugetier-, 120 Reptilien- und rund 280 Vogelarten nennen diese Gegend ihr Zuhause. Beeindruckend, nicht wahr?

Wir besuchen das Warradjan Aboriginal Cultural Centre, um etwas über die Geschichte, Kultur und Lebensweise der hier beheimateten Menschen zu lernen. Ich verlasse das interessante und lehrreiche Centre tief beeindruckt. Und zu früh, wie sich herausstellt. Kaum zurück im Bus, werde ich von ein paar mitreisenden Australiern auf eine deutsche Reisegruppe angesprochen, die wohl einen zackig lauten Auftritt hinlegte, nachdem ich die Ausstellungsräume verlassen hatte. „Deine Landsleute waren auch da. Unüberhörbar", wird mir grinsend und mit leicht anklagendem Tonfall berichtet. Ein ironisches „Na toll" hängt unausgesprochen in der Luft. Erdrückt von der Last der Verantwortung, zucke ich nur mit den Achseln und schweige.

Sonnenhalter

Der Höhepunkt des Tages ist eine frühabendliche Bootsfahrt bei Cooinda auf dem Yellow River und dem South Alligator River. Ich bin hin und weg von der herumflatternden Vogelwelt – besonders selten und zauberhaft: der Kingfisher – und den zahlreichen Salzwasserkrokodilen, von denen wir bis zu vier Meter lange Exemplare zu Gesicht bekommen. Vor lauter Begeisterung und Eifer beim Schauen und Fotografieren muss ich aufpassen, nicht aus dem Boot zu fallen und Opfer eines Racheakts zu werden. Nicht, dass es sich doch bis hierher herumgesprochen hat, dass ich vor ein paar Tagen in Darwin einen ihrer Kollegen verspeiste. Auf der Rückfahrt zum Bootsanleger wird es dann noch richtig romantisch. Ein wunderschöner Sonnenuntergang lässt das aufgeregte Gebabbel an Bord verstummen. Schleierwolken zerfetzen den dramatisch orangeroten Himmel und sorgen für eine abwechslungsreiche Farbenpracht. Bizarr geformte Bäume tanzen wie schwarze Schatten davor, gespiegelt im flachen Gewässer. Der glühende Sonnenball senkt sich auf die Höhe einer Baumkrone, die optisch zum Sonnenhalter wird. Still genießen wir das Naturschauspiel vor gigantischer Kulisse. Hinter dem Vorhang sitzt vermutlich ein Animateur mit dem richtigen Gespür für eine gute Pointe.

Hungriger Kollege?

Kakadu National Park – bemalte Felsen und eine Reifenpanne

Nachdem auch die Camper – etwas mitgenommen zwar – die vergangene Nacht unbeschadet überstanden haben, können wir beruhigt die vierte und letzte Etappe unserer Rundfahrt durch die Nationalparks des Northern Territory starten. Dieser Tag steht ganz im Zeichen der wunderbaren Felsmalereien der Aborigines am Ubirr und Nourlangie Rock. Die letztgenannte steinerne Kunstgalerie ist etwas mehr als einen Kilometer lang. Ich komme aus dem Staunen nicht mehr heraus. Die teils im Röntgen-, teils im Mimi-Stil gemalten Kunstwerke stellen zahlreiche Szenen aus der Traumzeit – der Schöpfungsgeschichte der Aborigines – dar. Die ältesten Zeichnungen sind etwa 20 000 Jahre alt. Nein, ich habe mich mit den Nullen nicht vertan. Zahlen kann ich.

Die Traumbilder zeigen Krokodile, Frösche, Schildkröten, Kängurus, Fische und Schlangen. Auch Menschen werden dargestellt. Sie stehen, sitzen, liegen, tanzen oder lieben sich. Häufig sind Fruchtbarkeitsszenen zu sehen. Oder böse Gestalten wie der „Blitzmann" Namarrgon, der für die vielen heftigen Gewitter in der Gegend verantwortlich sein soll. Ich habe den lebhaften Eindruck, durch ein riesiges, steinernes Bilderbuch zu wandern. Viel zu schnell vergeht dieser glühend heiße und unheimlich interessante

Kunst am Felsen

Vormittag. Und schwupps, steht schon das Mittagessen auf dem Tisch, das wir an einem halbwegs schattigen Plätzchen am Ende unseres Wanderweges einnehmen.

Nach dem Lunch machen wir uns auf den Rückweg nach Darwin. Vorbei an einem putzigen Hotel in Krokodilform verlassen wir den Kakadu National Park in nordwestlicher Richtung. Schon bald falle ich erschöpft in seligen Schlummer. Ein lauter Knall und ein paar heftige Erschütterungen im Bus bereiten meinem Frieden jedoch schon nach kurzer Zeit ein jähes Ende. Jesu bringt anschließend den schlingernden Bus souverän am Straßenrand zum Stehen. In voller Fahrt und bei hohem Tempo ist einer der hinteren Reifen geplatzt. Den lautesten Knall jedoch verursachte der beleibte Däne, der genau über der Unfallursache saß, vor Schreck und physischer Erschütterung doch glatt vom Sitz fiel und unsanft auf dem Gang landete. Welch glanzvoller Auftritt!

„Könnte heute etwas später werden mit der Rückkehr nach Darwin", lässt Jesu lakonisch verlauten. Seufzend verschwindet er unter dem Kleinbus, während wir mit unseren Wasservorräten im kaum vorhandenen Schatten der kargen Büsche Schutz suchen. Verdächtige, kleine Löcher zieren die Erde um das Buschwerk herum. Spinnen oder Schlangen? Wie dem auch sei: Hinsetzen empfiehlt sich nicht. Drei der Jungs gesellen sich zu Jesu und unterstützen ihn – je nach Neigung und Talent – mit tatkräftigen Handgriffen oder klugen Sprüchen. Während sich die Herren der Schöpfung beim Abstützen des Busses und beim Reifenwechsel die Hände schmutzig machen, frönt die Damenwelt dem Lästern und Nichtstun. Reifenwechsel ist definitiv Männersache. Also schnell wegschauen und nicht eingreifen.

Eine knappe Stunde später ist der Bus zur Weiterfahrt bereit. Jesu ist verdreckt von Kopf bis Fuß, hat aber alles tadellos hingekriegt. Halb vertrocknet taumeln wir auf unsere Sitzplätze und gieren nach dem nächsten Boxenstopp. Aber bitte nur dort, wo sich eine Kneipe oder ein Shop befindet, der den Flüssigkeitsnachschub sichert. Und nicht wieder mitten in der Pampa, Hunderte von Kilometern von der nächsten Ortschaft entfernt. Doch Schicksalsschläge dieser Art kann man sich nicht aussuchen. Gegen 18 Uhr erreichen wir Darwin ohne weitere Zwischenfälle. Wir verabschieden uns voneinander und entschwinden anschließend in unsere jeweiligen Hotels. Die vier Tage waren aufregend, beeindruckend, kurzweilig, spannend, toll – und anstrengend. Ich bin platt, aber glücklich. Erschöpft kippe ich den Inhalt der Reisetasche in den nächstbesten Winkel des Hotelzimmers, dusche, jage um die Ecke einen Cheeseburger gegen die akute Hungerattacke, falle dann ins Bett und in tiefen, traumlosen Schlaf. Chrrrrrr.

Süßes Nichtstun

Heute ist mein freier Tag. Keine Pläne. Nur in den Tag hinein leben. Morgens raffe ich mich zu einem kleinen, überschaubaren Rundgang auf. In Zeitlupe, versteht sich. Auf dem Rückweg zum Hotel kaufe ich die Northern Territory News, um zu erfahren, was diese abgelegene Gegend an Klatsch, Tratsch und Infos zu bieten hat. Offenbar ist es die einzige Tageszeitung des Territory.

Im Hotel blättere ich durch die News. Ich erfahre, dass „The Ghan" auf dem Rückweg von Darwin nach Adelaide einen Unfall hatte. Zum Glück wurde kein Passagier verletzt. Eine Kuh stand im Weg und ließ den Zug entgleisen. Ein Wunder, denn normalerweise hat er genug Power, jedes wie auch immer geartete Hindernis locker von den Gleisen zu fegen. Vielleicht nicht gerade einen Road Train. Aber eine mickrige Kuh? Hm, merkwürdig. Sensationslüstern meldete die Presse voreilig, es sei ein Kamel gewesen. Das stellte sich jedoch als Ente heraus.

Am und im Pool erhole ich mich von dem Rundgang und den News. Eine Weile vertiefe ich mich in meinen spannenden Krimi. Als mir auch das zu anstrengend wird, lehne ich mich zurück und lasse meine Gedanken schweifen. Meine berufliche Neuorientierung geht mir durch den Kopf. Schnell ist eine Lösung gefunden und umgesetzt. Ich bleibe hier und eröffne „Elkes Backpackers". Ha, jetzt habe ich Sie aber hoffentlich aus dem Wachkoma gerissen, in das ich selbst für den Rest des Tages verfalle. Unheilbar.

Zukunftsvisionen

Cairns

Down in Town: Cairns

Cairns

Zieleinlauf, Fauna satt und Ruhesitz

Während ich mit meinem Hab und Gut im Morgengrauen auf den Shuttlebus warte, überflattern mich zahlreiche Fledermäuse. Sie sind erstaunlich aktiv zu dieser frühen Stunde. Ich bin beeindruckt. Auch von den Schlangen, die sich eine halbe Stunde später vor den Check-In-Schaltern am Flughafen bilden. Doch ich spaziere lässig daran vorbei, denn ich habe den netten Herrn an der Hotelrezeption bereits gestern Abend einen Online-Check-In für mich durchführen lassen. So habe ich schon meine Bordkarte und muss nur noch das Gepäck aufgeben. Und für Online-Kandidaten wie mich gibt es immer gesonderte Schalter, vor denen dann meist kaum jemand ansteht. Ich bin dann auch direkt dran. Mich wundert es schon, warum diesen Service nicht mehr Touristen in Anspruch nehmen. Eine Rückbestätigung des Fluges muss man eh spätestens einen Tag vor Abflug machen (lassen). Nun, mir soll es recht sein. Habe ich die Schalter eben für mich alleine, sofern nicht der eine oder andere geschäftlich unterwegs ist. Diese Klientel ist natürlich immer scharf auf jede Zeitersparnis und von daher online-affin.

Pünktlich um 7 Uhr heben wir ab. Darwin verabschiedet mich mit einem wunderschönen Sonnenaufgang. So mag ich das! Dies ist mein dritter und letzter Inlandsflug in Australien. Gleichzeitig trete ich den sechsten von insgesamt neun Flügen an. Bevor ich es vergesse, stelle ich gleich meine Uhr auf die Zeit am Ankunftsort um. Ich bin Deutschland jetzt wieder acht Stunden voraus. Gegen 10 Uhr betrete ich den Boden von Cairns. Ein bedeutender Moment. Tusch! Ich habe gerade die Ziellinie überschritten und bin am Ende meiner Reise angelangt. Ich bin nun wieder im Bundesstaat Queensland, wo meine Tour begann. Hier in Cairns, im nördlichen Teil dieses sonnigen Bundesstaates an der Ostküste gelegen, werde ich bis zu meiner Rückreise in den einstweiligen Reiseruhestand treten. Ganze neun Tage lang.

Mein Hotelzimmer ist noch nicht bereit für mich. Ich lasse meine Habe in der Gepäckaufbewahrung und starte einen ersten Rundgang durchs Städtchen. Der Weg führt mich zur nahe gelegenen Esplanade, der recht langen Strandpromenade von Cairns. Mit weit mehr als 100 000 Einwohnern vom verträumten Provinznest zum Touristenzentrum gewandelt, hat das Städtchen es dennoch nicht unter die fünf größten Städte Australiens geschafft. Es ist Liebe auf den ersten Blick. Zumindest bei mir. Was das Städtchen von mir denkt, behält es vorerst für sich. Dieser Ort ist geradezu ideal, um eine Reise wie die meine in Ruhe zu beenden. Die Atmosphäre ist trotz der recht touristischen Infrastruktur heiter,

relaxed und gemächlich. Tropengeräusche und -gerüche hängen in der ange-
nehme 30 Grad warmen, aber nicht ganz so heftig schwülen Luft. Im Vergleich
zu Darwin ist es kühl und trocken. An der Küste weht ein leichtes Lüftchen.
Den Stadtstrand darf man hier allerdings auch nicht betreten. Krokodile und
giftige Würfelquallen lieben die Gegend. Und etwas Ordentliches zwischen den
Zähnen bzw. Tentakeln. Wer schwimmen will, muss sich ein Stückchen aus der
Stadt heraus wagen oder die fantastische, künstlich angelegte Lagune direkt
hinter der Strandpromenade nutzen.

Auf dem Rückweg zum Hotel greife ich in der Touristeninformation ein paar
Prospekte und Infos ab. Ich will hier zwar hauptsächlich relaxen, aber zwischendurch doch in die eine oder andere Ak-
tivität verfallen. Am frühen Nachmittag
beziehe ich mein Hotelzimmer, das sich
– nette Überraschung – als kleines, ruhig
gelegenes Appartement mit Küchenzeile und gesondertem Schlafzimmer
herausstellt. Eine Gäste-Laundry gibt
es auch. Höchste Zeit, Waschmaschine
und Trockner sinnvoll zu beschäftigen!
Das mache ich dann auch gleich. Währenddessen geht draußen ein kurzer, aber
intensiver tropischer Regenguss nieder.

Müde Fauna

Beim Abendspaziergang auf der Promenade lande ich mitten in der Ebbe. Wären da nicht die tropisch üppig bewachsenen Berge um die Bucht herum, man
wähnte sich glatt am deutschen Wattenmeer. Schlick en masse inklusive. Die
Tierwelt indes unterscheidet sich nicht unwesentlich von der in der Heimat.
Neben den allgegenwärtigen Pelikanen mit bläulichen Füßen beobachte ich
fasziniert, was die großen Vögel mit den löffelartigen Schnäbeln so tun. Schnell
und gezielt picken sie sich die Delikatessen aus dem wässrigen Schlamm. Der
Tisch ist reich gedeckt.

Nicht schlecht staune ich auch über ein anderes merkwürdiges Wesen. Es ist ein
erschreckend hässlicher Fisch mit eckigem Kopf und froschartig hervorstehen-
den Augen. Er ist ungefähr 20 bis 25 Zentimeter lang, straßenköterbraungrau,
und hört auf den treffenden Namen Schlammspringer. Er liegt außerhalb (!)
des Wassers faul auf dem Schlamm herum. Und das schon eine ganze Weile.
Nein, er ist nicht tot. Und auf seinen Lagerplatz hat er sich selbst und freiwillig
mit seinen wie stümperhaft amputiert aussehenden, stummelartigen „Vorder-
läufen" gehievt. Kein Witz. Die Natur beschreitet manchmal seltsame Wege. In
diesem Fall in Form eines Fisches mit amphibienartiger Lebensweise. Warum

auch nicht. Ich bevorzuge indes den Rückweg. Die Dunkelheit verbaut mir weitere Beobachtungen an der Küste. Schauerliches suche und finde ich dann in meinem Krimi.

Portemonnaie & Laptop – in Strapazen vereint

In freudiger Erwartung will ich nach dem Frühstück das WLAN in der Hotellobby in Anspruch nehmen. Eine jähe Enttäuschung erwartet mich. Offenbar ist hier ein Proxy-Server vorgeschaltet, der sich mit meinen Systemeinstellungen so gar nicht verträgt. Mein Laptop empfängt zwar das WLAN-Signal, aber mein Browser pfeffert mir nur Fehlermeldungen entgegen. Hm, bisher hat das immer alles gut geklappt. Die Mädels an der Rezeption haben keinen Schimmer und verweisen mich an eine kompetentere Stelle. Kommt Zeit, kommt Hotelmanager. Den beschäftige ich dann eine Weile. Leider ohne Erfolg. Ich traue mich nicht, eigenmächtig an irgendwelchen Systemeinstellungen und Netzwerkkonfigurierungen rumzubasteln, von denen ich keine Ahnung habe. Also auf zu McDonald's einen O-Saft ziehen und dort online gehen. Das funktioniert dann auch ohne Probleme. Die Technik – Segen und Graus zugleich.

Nachdem alle Kommunikationsfreuden auf Online-Wegen ausgekostet sind, gönne ich mir eine kleine Shopping-Tour durch die Läden und Malls der Stadt.

Bitte woanders schwimmen

Da sich mein zweiter Stieg Larsson-Krimi gefährlich dem Ende zuneigt, erstehe ich im nächsten Buchladen gleich den dritten und letzten Band. Diese spannenden Stories bergen eine hohe Suchtgefahr in sich.

Als nächstes lockt ein Klamottenladen. Ein Sweatshirt findet den Weg in meinen Rucksack. Ich zahle und treffe eine Entscheidung. Kein Didgeridoo. Stefans eiligst per E-Mail übermittelte Argumente haben mich überzeugt. Mein Geldbeutel hatte dann auch noch ein Wörtchen mitzureden. 2:1. Ich gebe mich geschlagen.

Die Mittagshitze lädt mich ein, ein Weilchen im Hotel zu verbringen. Dort setze ich die gestern begonnene Aufholjagd in Sachen Berichterstattung fort. Vier Tage Abtauchen in den Nationalparks, anschließend je ein Ruhe- und Weiterreisetag haben mich hoffnungslos ins Hintertreffen geraten lassen. Jetzt wird hier wieder in die Tasten gehauen! Am späten Nachmittag genehmige ich mir einen Freigang am Wasser entlang. Immer schön mit Sicherheitsabstand. Die Fauna, Sie wissen schon. Als ich zurückkehre, ist es bereits dunkel. Nur nicht auf der schön gelegenen Beachvolleyball- und Skater-Anlage. Die wird mit grellem Flutlicht auf Tag getrimmt. Die Spieler und Skater wissen es zu schätzen. Die vorbei flitzenden Jogger auch. Und ich sowieso. Ein Nachtschattengewächs wollte ich noch nie sein.

Kuranda – Ausstieg auf Zeit in luftiger Höhe

Ein Aufenthalt in Cairns ist undenkbar ohne einen Ausflug in die Atherton Tablelands. Dorthin gelangt man über verschiedene Wege: schnöde mit Bus oder Auto oder spektakulär mit der Bahn und der Gondel. Ich kombiniere die beiden letztgenannten Möglichkeiten. So etwas lasse ich mir nicht durch die Lappen gehen. Denn hier ist wirklich der Weg das Ziel. Und Kuranda, so hübsch das touristische Städtchen auch sein mag, wird nur die Rolle der Nebendarstellerin zugewiesen.

Auf dem Hinweg in die Berge nehme ich den nostalgischen Zug. Der Kuranda Scenic Railway gilt als eine der schönsten Zugstrecken der Welt. Die Ingenieure mussten tief in die Technik-Trickkiste greifen, um diese 34 Kilometer lange Strecke hinzubasteln. Alle Achtung.
Das ist ihnen gelungen. Mir bieten sich hinter den zahlreichen Biegungen immer wieder fantastische Blicke ins Tal, auf Cairns, die Küste und die Barron Falls, die sich anmutig in die Tiefe stürzen. Währenddessen spült mir fesche Country-Musik Hirn und Ohren weich. Dank des 20/20-Prinzips der Klimaanlage – bei 20 Kilometer pro Stunde bleiben alle 20 Fenster im Waggon geöffnet – bin ich zu keiner Zeit vom Erstickungstod bedroht. 15 Tunnels und 42 Brücken

Auf dem Kuranda Scenic Railway

später erreichen wir nach rund eineinhalb Stunden gemächlicher Fahrt mit Zwischenstopp den wunderschönen Bahnhof in Kuranda, etwa 400 Meter über dem Meeresspiegel gelegen.

Ein köstlicher Mango-Shake versüßt mir die Wartezeit am Bahnhof, bis die mitgereisten Massen Richtung Städtchen abgezogen sind. Die kann ich auf meinen Fotos nun wirklich nicht gebrauchen. Beim Herumschleichen um die Lok spricht mich der Lokführer, ein vor vielen Jahren ausgewanderter Holländer auf Deutsch an. Mich beschleicht zum wiederholten Male der Verdacht, dass meine Nationalität unübersehbar mitten auf meine Stirn tätowiert ist. Jeder sieht es, nur ich nicht. Jedenfalls lässt mich der nette Herr wissen, dass er

Schöner reisen

sein stressiges Ingenieur-Dasein in Rotterdam zugunsten der tropisch-lässigen Lebensart in Kurandas Bergen aufgegeben hat. Als Herr über die Lok führt er nun ein entspanntes Leben in heiterer Gelassenheit.

Er bietet mir an, die kunterbunt mit Aborigine-Kunst bemalte Lok zu erklimmen. Das Angebot nehme ich freudig an. Er schießt nach kurzer Plauderei ein Beweisfoto mit meiner Kamera, bevor ich den Abstieg über die schmale Leiter in Angriff nehme. Ich fülle meinen Speicherchip mit weiteren Fotos. Dieser inmitten tropischer Gärten gelegene, sorgfältig renovierte Bahnhof ist ein wahres Schmuckstück.

Irgendwann packe auch ich dann das kurze Stück in die Stadt. Instinktiv führt mich mein Weg in eine Nebenstraße und dort in den Local Coffee Shop. Hier wird mir der beste Kaffee meiner gesamten Australienreise kredenzt. Kein Wunder, rösten sie das köstliche Genussmittel doch gut sicht- und riechbar hier selbst im hinteren Teil des lauschigen Cafés. In diesem vornehmlich von relaxten Einheimischen besuchten Laden dominiert R & B. Rasta und Batik.

Schöner malen

Rhythmisch wippen alle im Takt zur funkig angehauchten Reggae-Musik. Auch ich zeige schon bald erste Anzeichen von autistischem Verhalten. Kopf und Oberkörper wippen stupide vor und zurück. Das legt sich, sobald ich mich mit meinem Milchkaffee niedergelassen habe.

So, genug geschlemmt. Ich will Kuranda sehen. Hier leben viele Künstler und Leute, die man im Volksmund gerne als Aussteiger bezeichnet. Ich finde diesen Begriff irreführend. Wenn man aussteigt, muss man doch irgendwann und irgendwo auch wieder einsteigen. In eine andere Lebensform zum Beispiel. Tagsüber fluten Touristenmassen die wenigen Straßen des Zentrums. Restaurants, Galerien und Souvenirshops reihen sich aneinander. Trotzdem hat die alternativ angehauchte Szenerie inmitten der tropischen Bergwelt das gewisse Etwas. Entspannt kann man hier ein paar Stunden verbringen, ohne dass es öde wird. Das auf den beiden Märkten angebotene Kunsthandwerk ist weit entfernt vom Kitsch, den man woanders vorfindet. Ich werde schwach und erstehe einen Bumerang. Sozialverträglich direkt vom Künstler, einem Aborigine, der einen kleinen Marktstand hat. Keine Panik, Stefan. Der passt noch ins Handgepäck! Sonst überlebt das fragile Teil womöglich nicht. Die beiden T-Shirts, die sich mir aufdrängen, müssen indes für den großen Rucksack eingeplant werden. Dessen Kapazität nähert sich allmählich der Belastungsgrenze. Deshalb beschließe ich ab sofort einen Einkaufsstopp; auch wenn ich relativ bescheiden zugeschlagen habe, gemessen an der langen Reisezeit und der Vielzahl der besuchten Orte. Ich ignoriere die feilgebotenen Bikinis aus Känguru-Fell und schlurfe zum Ausgang.

Ohne Worte

Beim Verlassen des Marktes treffe ich auf die beiden Dänen, die mit mir auf der Tour durch die drei Nationalparks im Northern Territory waren. Sie erinnern sich: die Reifenpanne und ihre Folgen. Die Welt ist klein! Die beiden sind durch akuten Schlafmangel etwas gerädert, weil sich direkt neben ihrer billigen Backpacker-Bude eine Disko befindet, die bis nachts um 2 Uhr volle Dröhnung bietet. Zudem müssen sie das Zimmer mit vier amerikanischen Jungs Anfang 20 teilen, die sehr partyfreudig sind. Tja, das Aussuchen einer altersgerechten Unterkunft ist eine Kunst für sich. Nach etwas längerer Plauderei verabschieden wir uns voneinander und gehen unserer Wege.

Die Gondelfahrt zurück nach Cairns ist spektakulär. Mit siebeneinhalb Kilometern Länge ist diese Seilbahnstrecke die längste der Welt. Und sicher auch eine der schönsten. Das Blätterdach des tropischen Regenwalds breitet sich unter mir aus. Der Blick reicht vom Dschungel bis zur Küste nach Cairns und zu den Inseln des Great Barrier Reef. Es ist einfach fantastisch. Jeder andere Begriff wäre unangemessenes Understatement. Ich nehme die zwei möglichen Unterbrechungen der Fahrt in Anspruch und staune über die Aussicht von den Lookouts. Auf dem letzten der drei Fahrtabschnitte komme ich zufällig in den Genuss eines privaten Tour-Guides. Der Mitarbeiter des Seilbahnbetreibers sitzt bereits in einer ankommenden Gondel, in die ich als einzige zum Einsteigen aufgefordert werde. Er ist sehr auskunftsfreudig und plaudert aus dem Nähkästchen. Er kennt die Gegend vermutlich besser als seine eigene, überquellende

Westentasche. Sogar den Aufenthaltsort einer hier ansässigen Schlange sagt er präzise voraus. So bekomme ich endlich eine veritable, fette Giftschlange zu Gesicht. Zum Glück aus sicherer Gondelhöhe. Was für ein Tag. Wow!

Keine Pläne und viel Vorfreude

Ein Tag Action, ein Tag Pause. So habe ich mir die mir noch verbleibende Zeit in Australien vorgestellt. Mein Plan für heute sieht vor, dass ich keinen habe. Ich schlurfe träge in die Innenstadt und besorge luftblasiges Verpackungsmaterial für meinen heiligen Bumerang. Auf dem Wochenmarkt erstehe ich Äpfel, Mangos und Avocados für die zwischenzeitliche Selbstversorgung. Dann lande ich in einem Fotoladen, um mir eine Unterwasserkamera auszuleihen. Für die einschlägig interessierten Leser nehme ich die Antwort schon mal vorweg: es ist eine Canon PowerShot A650 IS. Ich bin schon etwas aufgeregt wegen des großen Tages, der morgen auf mich lauert.

Boxenstopp bei McDonald's. Das Internet-Problem im Hotel hat sich leider nicht in Luft aufgelöst, so dass ich weiter in öffentlichem Terrain den Weg ins WWW beschreiten muss. Er ist kostenlos, aber unendlich lahm. Kommt Zeit, kommt Website. Kommt Mittagshitze, kommt Hotel-Siesta. Ich beende erfolgreich die atemlose Aufholjagd in Sachen Berichterstattung und Fotobearbeitung. Jippiiiiee! Ich bin wieder up to date.

Auf dem Weg zu meinem traditionellen Nachmittagsspaziergang treffe ich in der Hotellobby das deutsche Rentnerpaar, das gestern mit mir im Zug nach Kuranda saß. Sie sind bereits zum elften Mal in Australien und haben eigentlich schon alles gesehen. Doch die Leidenschaft treibt sie immer wieder hier her. Fünf Wochen haben sich der frühere Vogelzüchter und seine Frau dieses Mal Zeit genommen, sich in diesem fantastischen Land herumzutreiben. Es ist zu befürchten, dass mich ein ähnliches Schicksal ereilen wird.

Great Barrier Reef – In aller Stille: Farbenrausch unter Wasser

Zuerst die harten Fakten, bevor ich mir gestatte, die Fassung zu verlieren. Das Great Barrier Reef gehört zu den sieben Naturwundern der Erde. Als einziges Lebewesen, das vom Weltraum aus sichtbar ist, schlägt es im Längenvergleich die Chinesische Mauer. Auf 2300 Kilometern Länge und 350 000 Quadratkilometern Fläche verteilen sich die 2900 Einzelriffe. Hier im Norden Queenslands reicht es mit einem Abstand von 30 Kilometern am nächsten an die Küste heran. Im Süden muss man bis zu 300 Kilometer schippern, um dieses magische Paradies zu erreichen. 1500 Fischarten, 4000 verschiedene Muscheln, 400 Korallenarten, 800 diverse Stachelhäuter, zu denen auch die Seegurken zählen, 200 Vogelarten und sechs Sorten Schildkröten wissen, dass es sich dort gut leben lässt.

Im Farbrausch der Tiefe

Gespannt betrete ich am Morgen das große Motorsegelboot und sichere mir ein schattiges Plätzchen auf dem Oberdeck. Die Tagestour habe ich vor ein paar Tagen bei der Touristeninformation vorgebucht. Bevor es losgeht, wird abgezählt. Die Sicherheitshinweise werden in diversen Sprachen durchgesagt. Und so muss ich doch herzlich lachen, als die deutsche Fassung durch den Lautsprecher scheppert. Denn der Abgleich der Passagierliste mit den tatsächlich anwesenden Leuten wird kreativ mit „Sicherheitskopfzählung" übersetzt. Nicht minder witzig ist die schräge

Muschelriese auf Michaelmas Cay

Vogelkundler-Truppe, die sich in meiner Nähe niederlässt. Sie bietet reichlich Material für Sozialstudien und wird – wie sich später herausstellt – den kompletten mehrstündigen Aufenthalt auf der Sandbank damit verbringen, der Wasserwelt den Rücken zuzukehren. Stattdessen verharren sie mehr oder weniger reglos auf einer Stelle und verfolgen enthusiastisch jede Flatterbewegung der zahlreich vorhandenen Vogelwelt. Ihre übergewichtigen Ferngläser und Kameras lassen sie fast vornüber kippen.

Nach rund eineinhalbstündiger Segelei übers offene Meer nähern wir uns Michaelmas Cay, von wo aus wir in die abenteuerliche Unterwasserwelt starten können. Vor dieser recht winzigen Sandbank, die ein beliebter Nistplatz für Wasservögel ist, erstreckt sich das Korallenriff Hastings Reef. Wir gehen von Bord und gelangen per Zubringerboot auf das idyllische Fleckchen Sand. Meine Aufregung steigt ins Unermessliche. Gleich nach der Ankunft will ich als blutige Anfängerin an einer Kurzeinführung in Sachen Schnorcheln teilnehmen. Wegen der intensiven Sonneneinstrahlung sehne ich mich nach einem muslimischen Badeanzug in Ganzkörperausführung inklusive Kapuze.

In Reih und Glied ...

Kenner nennen es Burkini. Da ich so etwas leider nicht besitze, muss ein geliehener Neoprenanzug her.

Forsch in die Brille gespuckt, Flüssigkeit verteilt, kurz mit Meerwasser ausgespült und ab auf die Visage damit. Die Zähne beißen vorschriftsmäßig auf die Gumminoppen im Mundstück. Fischmund drüber gestülpt, kurz die Kopfwende zum Auftauchen geübt und los geht es. Kaum habe ich das Atmen unter Wasser souverän drauf, verschlägt es mir selbigen. Korallen, Fische und Schildkröten in psychedelischen Farben und Formen schwimmen und lagern mir zu Füßen. Für das, was sich hier vor meinen Augen abspielt, finde ich keine Worte. Ich neige für gewöhnlich nicht zu übermäßiger Gefühlsduselei. Doch ich komme jetzt nicht umhin, mich in Superlativen zu verlieren. Ich habe so etwas Schönes in meinem ganzen Leben noch nicht gesehen. Ich bin tief berührt und weiß gar nicht, wo ich zuerst hinschauen soll. Ich habe schon viele Fotos und Filme über die Unterwasserwelt gesehen. Doch nichts kann einen darauf vorbereiten, wie es ist, live dabei zu sein. Mir fehlen die Worte. Deshalb schweige ich an dieser Stelle voller Ehrfurcht.

Als ich wieder einen halbwegs klaren Gedanken fassen kann, trabe ich kurz zurück zum Strand, um den Abenteuer-Level noch etwas zu erhöhen: die Unterwasserkamera soll zum Einsatz kommen. Ich schnalle das Armband schön

Abenteuer Unterwasserfotografie

eng, damit das gute Teil treu bei mir bleibt und nicht in die ewigen Jagd- und Fischgründe eingeht. Die Kurzanleitung habe ich gestern brav studiert. Ah, da schwimmt auch schon das erste potenzielle Fotomotiv vorbei. Es ist knallgelb und willig. Scheu ist ein Fremdwort bei diesen Bewohnern der Meere. Ich gehöre schlichtweg nicht in die Kategorie der natürlichen Feinde. Der Knallgelbe nähert sich bis auf einen Meter. Blitz an. Das empfiehlt sich bei kurzer Entfernung. Mist, ich werde abgetrieben. Rasch umgedreht, sofern das mit den ungewohnten Flossen an den Füßen machbar ist. Der Fisch ist noch da, aber zwei Meter nach unten abgedriftet. Blitz aus. Auf die Entfernung streut er zu stark. Der Versuch, mich auch weiter nach unten zu begeben, endet damit, dass sich der Schnorchel mit Wasser füllt. Rasch herausgeröchelt, Zoom an. Blöd, denn das ist unter Wasser ungünstig. Nah dran sein ist fototechnisch um Klassen besser. Mein Objekt der Begierde nähert sich wieder. Blitz an. Ah, jetzt habe ich ihn. Erschwerte Bedingungen. Zum Glück liegen noch die faulen Korallen rum. Die kann ich in Ruhe fokussieren. Wenn mich nicht gerade wieder eine Welle wegspült.

In diesem Stil verbringe ich eine Weile und vergesse die Zeit. Die Big Shots werden meine Aufnahmen sicher nicht, aber es ist eine interessante Erfahrung in Sachen Koordination und Konzentration. Paddeln mit den Flossen, Beatmung durch ein ungewohntes Rohr, Motive sichten, Kamera einstellen, Bewegungen kontrollieren. Das ist Übungssache! Und beim nächsten Mal gibt es einen Tauchkurs. Ich habe Blut geleckt. Mittlerweile habe ich auch kapiert, weswegen das bunte Getier so gerne in meiner Nähe ist. Es benutzt mich als Schattenspender. Nicht zu fassen.

Als ich wieder aus dem Wasser steige, ist weit mehr als eine Stunde vergangen. Ich werfe den Gummianzug von mir, bringe mich in einen halbwegs trockenen Zustand und entere das Zubringerboot, das mich zum Lunchbuffet auf das Segelschiff zurückbringt. Wie gut, dass ich vorher Schnorcheln war. Obwohl, gut abgefüllt sinkt es sich vielleicht noch besser. Zurück auf dem Inselchen, widme ich mich der dortigen Vogelwelt und schieße das eine oder andere Foto mit meiner eigenen Kamera. Die Unterwasser-Variante verharrt indes sicher verstaut in ihrer Hartschalenbox.

Am frühen Nachmittag besteige ich eine Art U-Boot, elegant als Semi-Submersible bezeichnet. Dort bekomme ich die Möglichkeit, die Unterwasserwelt durchs Glas zu bestaunen. Auch das ist sehr beeindruckend, wenngleich dieser Ausflug mit der Schnorchelrunde nicht ganz mithalten kann. Zurück an Bord, verleibe ich mir Kaffee und Kuchen ein, bevor wir die Rückfahrt nach Cairns antreten. Verträumt genieße ich die Segeltour bei einem Gläschen Sekt, das uns kredenzt wird. So lässt es sich aushalten.

Frühe Vögel und Fotoausbeute

Achtung. Dies ist eine Warnung. Mein Bericht über den heutigen Tag wird total langweilig. Wer jetzt weiter liest, statt zum nächsten Kapitel zu springen, ist selbst schuld. Immer noch dabei? Hm, Sie haben es so gewollt.

Heute Morgen werde ich zu einer geradezu lächerlich frühen Zeit wach und aktiv. Es ist 5 Uhr morgens, und ich fühle mich frisch wie der junge Frühling.

Kein Wunder, bin ich doch gestern nach diesem aufregenden Tag am Riff schon gegen 21:30 Uhr in tiefsten Schlummer gefallen. Ich bastele ein wenig an den Fotos herum und besetze so bald wie möglich den Frühstücksraum im Hotel. Es erstaunt mich, wie viele Leute hier schon aktiv sind. Die Abreise- und Touren-Fraktionen lassen grüßen.

Um kurz vor 7 Uhr bin ich dann schon auf der Piste, um an der Strandpromenade einen ausgedehnten Early-Bird-Walk zu starten. Auch hier bin ich nicht alleine. Eine Handvoll Hundebesitzer treibt sich notgedrungen dort herum. Schlaue Jogger drehen jetzt ebenfalls ihre Runden, solange die Temperaturen noch im moderaten Bereich sind. Es herrscht tiefste Ebbe im Wasser. Doch

Tanz aus der Reihe

die Fauna mischt kräftig auf. Es schwabbelt, wimmelt, wuselt, knackt, knirscht und klappert wie wild im schlammigen Untergrund. Nichts geht über ein ordentliches Frühstück.

Zurück im Hotel, schreibe ich eine Runde, bevor ich meinen mittlerweile zur Routine gewordenen Gang nach Canossa, sprich zu McDonald's antrete, um das Paralleluniversum im WWW zu besuchen. Gleich um die Ecke liegt der Fotoladen, bei dem ich danach meine Foto-CD abhole. Neugierig schaue ich mir das eine oder andere Ergebnis an. Gar nicht soooo schlecht. Aber natürlich erreiche ich nicht annähernd die Klasse des Bonusmaterials, das in Form von Profi-Aufnahmen vom Riff ebenfalls auf der CD verewigt ist. Interessiert frage ich nach, wie sie die prächtigen Farben und diese leuchtende Helligkeit hinkriegen. Schließlich habe auch ich brav mit Blitz aus den geringstmöglichen Entfernungen fotografiert. Ein spitzbübisches Grinsen überzieht das Gesicht des netten Herrn hinter dem Schalter. Des Rätsels Lösung prangt im Regal direkt über ihm: eine 15 000 australische Dollar (rund 9200 Euro) teure Kamera, ausgestattet mit einem Blitz mit den Ausmaßen einer Satellitenschüssel. Eine Prise Photoshop rundet die Chose harmonisch ab. Pfft, unter DEN Voraussetzungen hätte ich das auch hingekriegt. Ganz bestimmt. NACH dem Tauchkurs, versteht sich.

Der Nachmittag gehört der Faulheit. Mittagsschläfchen, Pool, Liege, Krimi; letzteren beendet und der Hotelbibliothek gespendet. Genau in der Reihenfolge. Der traditionelle Nachmittagsrundgang entfällt ersatzlos. Ich verlasse das Hotel heute nicht mehr. Langweilig. Zumindest für Sie. Ich habe Sie gewarnt. Aber Sie wollten ja nicht hören.

Port Douglas – summer time and the living is easy

Heute Morgen möchte ich überschaubare 70 Kilometer bis Port Douglas, einem nördlich von Cairns gelegenen Küstenstädtchen, mit dem Bus zurücklegen. Da sich keine öffentlichen Verkehrsmittel dorthin verirren, habe ich gestern bei der Touristeninformation einen Platz bei einem privaten Anbieter gebucht. Pünktlich um 9 Uhr kassiert mich der Fahrer am Hotel ein. So weit, so gut. Was dann folgt, gleicht mehr oder weniger einer Odyssee. Es stellt sich heraus, dass mein Bus der Shuttlebus ist, der auch die Flughafen-Transfers bedient. Und so kurven wir munter zwischen dem Terminal für Inland- und dem für Auslandsflüge hin und her und picken nach und nach die weiteren Fahrgäste auf. Durch die Verspätung eines Inlandsflugs weitet sich die öde Flughafentour auf eine geschlagene Stunde aus.

Zudem habe ich das Pech, dass wir Passagiere an Bord haben, die auf alle drei nördlich von Cairns gelegenen Strandorte verteilt werden wollen. Eine große Seltenheit, sagt der Busfahrer, deutlich gestresst durch die sich hochschaukelnde Verspätung. Als wir die letzte Fracht am dritten Strand abgeworfen haben, lässt er einen lauten Jubelschrei los und reckt triumphierend die Faust gen Himmel. Jetzt mit Vollgas ohne weiteren Zwischenstopp nach Port Douglas. Meine aufkeimende Ungeduld löst sich in Wohlgefallen auf, als uns die Strecke direkt nach dem letzten Stopp unmittelbar an die Küste führt. Die Panoramen, die sich mir dort bieten, sehe ich als großzügige Entschädigung an. Nach zweieinhalb Stunden, dem Doppelten der normalen Fahrzeit, erreiche ich mein heutiges Etappenziel Port Douglas. Uff, erst mal die Haxen ausstrecken. Diese Shuttlebusse sind weder für große Menschen noch für längere Fahrten konstruiert. Nur Bonsai-Ausgaben überstehen das ohne nennenswerte Dauerschädigungen am Bewegungsapparat.

Nachdem ich meine Bewegungsfähigkeit wieder erlangt habe, schaue ich mich um. In der Kneipe neben mir starrt ein Trupp älterer Herren gebannt auf den Fernseher. Neugierig biege ich meinen Schädel um die Ecke. Ein Hunderennen! Da ich dem so gar nichts abgewinnen kann, mache ich mich auf den Weg, das hübsche Örtchen zu erkunden. Mit der Macrossan Street verfügt es über eine einzige, allerdings recht lange Hauptstraße, die mit Galerien, Läden, Boutiquen, Cafés und Restaurants – allesamt eher im gehobenen Preissegment – gespickt ist. Der Autoverkehr hält sich hier sehr in Grenzen, so dass es sich bedächtig bummeln lässt. Beide Straßenenden schließen am Wasser ab. Am östlichen Ende landet man am paradiesischen Four Mile Beach. Er könnte glatt einem Bilderbuch entsprungen sein. Dort kann man an bestimmten Strandabschnitten, die durch Fahnen gekennzeichnet sind, relativ gefahrlos schwimmen gehen. Abfangnetze geben sich hier alle Mühe, den Box Jelly Fish von der Küste

Alles Essig!

zu vergraulen. Eine hundertprozentige Garantie gibt es jedoch nicht. Vollkasko? Fehlanzeige. Stattdessen jedoch gibt es zwei Strandwächter und die obligatorische Flasche Essig. Dessen schwache Säure deaktiviert die Nesselzellen der giftigen Qualle. So wird nicht noch mehr Gift durch anhaftende Tentakel in den Körper gepumpt.

Ich entscheide mich für einen Abstecher an die Meridien Marina. Neben ultraschicken Booten punktet das Hafengelände mit einer schönen Shopping Mall, ebenfalls für den gut gefüllten Geldbeutel. „Über dem malerisch auf einer felsigen Landzunge gelegenen Port Douglas ... liegt ein Hauch von Saint Tropez", formuliert mein Dumont-Reiseführer treffend. So ist es. Nur nicht europäisch wuselig, sondern australisch relaxed. Ich passiere ein Internet-Café und werde schwach. Das WLAN bei McDonald's ist so schwach – ich weiß, es kommt Ihnen bereits zu den Ohren raus –, dass ich dort nur das Nötigste erledigen kann, nämlich meine Blogbeiträge inklusive Fotos einstellen und kurz E-Mails abfragen. Ich gönne mir ein zwanzigminütiges Abtauchen im Netz am fremden Rechner, sehe auf Spiegel-Online, dass sich nichts wirklich Tragisches in den letzten Tagen ereignet hat, und verlasse dann beruhigt die virtuellen Weiten.

Im Westen grenzt die Macrossan Street an den Anzac Park, der wiederum am Wasser endet. Eine bezaubernde Bucht liegt mir zu Füßen. Ich lasse meine Kamera kräftig schuften und verbringe danach den Rest des Nachmittags im „Soul'n Pepper", einer schnuckeligen Mischung aus Biergarten und Café unter Palmen. Quietschbunte, kreischende Papageien nehmen ihre Mahlzeit direkt über meinem Kopf ein, während ich bei einem leckeren Iced Coffee abwechselnd meinen Krimi und den Anblick genieße. Ein wunderschöner Nachmittag ist mir hier vergönnt!

Abends am Strand von Port Douglas

Auf der Rückfahrt habe ich den Bus für mich alleine. Inklusive Fahrer, versteht sich. Ich erzähle ihm von meinem morgendlichen Schicksal. Das spornt seinen Ehrgeiz mächtig an. In der Rekordzeit von nur einer Stunde legt er die teils recht kurvige Küstenstrecke nach Cairns zurück. Schumi lässt grüßen. Nur mit schnittigerem Wagen.

Feuerteufel beim Frühstück und eine warme Dauerdusche

Nun, da sich mein Aktionslevel in die unteren Ebenen begeben hat, kann ich mich wieder verstärkt den soziokulturellen Aspekten des Daseins widmen. Die erste Gelegenheit bietet sich beim Frühstück. Der Tatort: das Buffet. Am linken Rand steht der riesige Toaster. Keiner zum Reinschieben und Runterdrücken, sondern einer mit Fließband. Oben legt man das Grill- bzw. Toastgut rein, lässt es seiner Wege rollen und kassiert unten das fertige, gebräunte Endprodukt ein. So weit, so schlicht.

Neben dem diversen Brotangebot harren auch Croissants dem Verzehr. Zwischen dem Croissantkorb und dem Toaster liegt groß und unübersehbar ein laminiertes Din-A-4-Blatt. Dort steht fett auf Englisch, dass man auf KEINEN Fall ein Croissant in den Toaster schieben soll, da es leicht Feuer fängt. Für all diejenigen, die der Landessprache nicht mächtig sind, finden sich darunter putzige Bildchen, die das Gleiche aussagen: Ein Croissant im Toaster, durchgekreuzt. Pfeil. Toaster + Croissant = Feuer, durch ein diabolisch grinsendes Flammenmännchen dargestellt. Nützt alles nichts. Irgendein Ignorant vor mir hat trotzdem ein Croissant auf den Weg in die Flammenhölle geschickt. Als ich es bemerke, ist es zu spät, um mich einzumischen. Sicherheitshalber ergreife ich die Flucht. Aus der Ferne beobachte ich dann, wie eine der Bedienungen das leckere Teil aus dem Feuer fischt. Oder waren es schon Kohlen? Die Feuerwehr kann jedenfalls zu Hause bleiben.

Wieder zurück im Zimmer, checke ich, was ich bis zum Ende meiner Reise Mitte nächster Woche noch an sauberer Kleidung brauche. In aller Ruhe schicke ich Waschmaschine und Trockner auf den Weg zur Arbeit. Heute habe ich es nicht so eilig, auf Tour zu gehen. Denn seit den frühesten Morgenstunden geht ein zarter, aber ausdauernder Nieselregen auf Cairns nieder. Gegen 11 Uhr stellt sich die tropische Regendusche ab. Ich stehe schon in den Startlöchern.

Wenig später verlasse ich das Hotel. Auf den Sofas und Sesseln in der Rezeption vegetieren mehrere frisch eingetroffene Gäste samt Gepäck wahlweise liegend, überhängend oder zusammengesunken vor sich hin. Die Augen sind geschlossen oder zu Schlitzen verengt. Sichtbar vom Ich-habe-gerade-einen-langen-Überseeflug-hinter-mir-und-konnte-kein-Auge-zumachen-Syndrom gepeinigt, warten sie darauf, in ihr Zimmer gelassen zu werden, um endlich ins wohl verdiente Schlummerland eintreten zu dürfen. Ich wende mich von dem Elend ab und trete nach draußen. Der Regen hat, wie erwartet, keinerlei Abkühlung gebracht. Vielmehr hat die warme Luft gierig jedes Quäntchen Feuchtigkeit aufgesogen. Waschküche meets Hallenbad.

Nach der obligatorischen Internet-Session, die heute noch lahmer ist als sonst, begebe ich mich auf einen ausgedehnten Spaziergang am Ozean entlang. Am Nachmittag suche und finde ich Erfrischung im unbeheizten Hotelpool. Ah, das tut gut! Hier bleibe ich eine Weile, vertiefe mich dann in meinen Krimi und vergesse darüber die Zeit. Soll sich die Uhr doch eine andere Sklavin suchen.

Wasser und Gepäck im Überfluss

Während sich der gestrige Tag mit zartem vormittäglichen Nieselregen zufrieden gab, geht der heutige aufs Ganze. Kaum habe ich das Hotel verlassen, öffnet der Himmel alle verfügbaren Schleusen. Nun, irgendeine Ursache muss das viele Grün in dieser Landschaft ja haben. Zudem geht mein Aufenthalt hier mit Riesenschritten dem Ende entgegen. Cairns will mir sicher nur den Abschied erleichtern und den Startschuss für die bevorstehende Regenzeit geben. Mein in Sydney erstandener Schirm kommt als bisher kaum auf die Probe gestellter Nachfolger des in Hong Kong verstorbenen Exemplars endlich auf seine Kosten.

Ab in die kühlen Fluten!

Nachdem ich etwas im Städtchen herum geschwommen und gelaufen bin, vertrödele ich den Rest des Vormittags im Coffee House bei einem gepflegten Flat White, einer Art Milchkaffee. Die Cairns Post, die hiesige Tagespostille, klärt mich über den neuesten Klatsch auf. Viel Informatives ist nicht zu finden. Vielleicht ist aber einfach nur nichts Aufregendes passiert. Zwischenzeitlich hat der Regen aufgehört. Kaum habe ich jedoch das Café verlassen, überlegt er es sich wieder anders und legt die volle Performance hin. Ich flüchte zurück ins Hotel und wärme die kargen Reste des Süppchens von gestern auf. Im Laufe des Nachmittags stoppt der Regen und überlässt der Sonne das Feld. Ich werfe mich in meine Schwimmklamotten, schnappe mein Handtuch und trabe zurück in die Stadt. Dort stürze ich mich kopfüber in die kühlen Fluten der Lagune, die hier künstlich, aber kunstvoll und gelungen in die Strandlandschaft eingefügt wurde.

Derart abgekühlt, widme ich mich danach dem Zeremoniell, dem ich nicht entfliehen kann. Ich packe meine Sachen, denn morgen steht die Abreise an. Vier Tage Großstadtabenteuer in Hong Kong warten auf mich, bevor ich die Heimreise nach Berlin antrete. Dieses Mal packe ich etwas sorgfältiger als sonst, denn ich will nur den Teil meiner Habe ganz oben und griffbereit haben, den ich in Hong Kong noch brauchen werde. Alles andere möge sich bitte in den unendlichen Weiten und Tiefen des Rucksacks verkriechen und mir erst wieder unter die Augen treten, wenn ich zu Hause bin.

Am frühen Abend übermannt mich der Hunger. Zum Abschied begebe ich mich in das nette Lokal um die Ecke und futtere eine köstliche Kürbispizza. Mit einem nicht ganz so leckeren australischen Bier von Toohcys stoße ich auf meinen letzten Abend in Australien an und hänge meinen Gedanken nach. Ich

Breit gefächert

kann es noch immer nicht ganz fassen, was ich in den letzten Wochen erlebt habe. Sicher dauert es noch eine Weile, bis ich das alles begriffen und verarbeitet habe. Es war eine fantastische Zeit. Prost!

Mit einem weinenden und einem lachenden Auge betrachte ich indes die Tatsache, dass ich ausgerechnet am morgigen Freitag das Land verlasse. Einerseits verpasse ich das Musik- und Kulturfest, das morgen am späten Nachmittag auf der Esplanade startet. Andererseits jedoch bleibt mir ein Ereignis erspart, das mich bereits in Sydney mehr als hartnäckig verfolgte. Richtig geraten! Gerade noch rechtzeitig vor Monatsende kommt eine Kneipe in Cairns auf die überaus originelle Idee, am Freitag und Samstag ein Oktoberfest zu inszenieren. Bavarians have more fun. Meinen die Australier. Was wohl die Chinesen dazu sagen werden? Ich halte Sie auf dem Laufenden.

Mangosüßer Abschied und ein Bumerang in Lebensgefahr

Ich schnappe meinen Rucksack, checke aus und lagere mein Hab und Gut im Aufbewahrungsraum des Hotels. Die drei Stunden, die mir noch bis zum Abtransport zum Flughafen verbleiben, vertrödele ich. Ein letztes Mal gehe ich zur lieb gewonnenen Esplanade und schlendere den Strand entlang. Die Pelikane und Löffler klappern eifrig zum Abschied mit den Schnäbeln. Der Himmel öffnet und schließt seine Regenpforten nicht minder engagiert. Mehr als Nieselregen bringt er heute aber nicht zustande. Schirm auf, Schirm zu. In der Stadt schlürfe ich meinen vorerst letzten Mango-Smoothie. Ich genieße jeden Tropfen davon.

Um 13 Uhr bringt mich der hoteleigene Shuttlebus zum Flughafen. Dort begehe ich beim Check-In einen Fehler. In mir sonst fremdem, vorauseilenden Gehorsam frage ich nach, ob ich meinen Bumerang im Handgepäck mit in den Flieger nehmen darf. „Verstauen Sie ihn bitte im aufzugebenden Gepäck", lautet die strenge und unmissverständliche Antwort. Mist. Wenn das Personal hier meint, dass das nur zu Deko-Zwecken konstruierte Teil gefährlich sei, dann hat es offenbar nicht den Hauch einer Ahnung, was meine brutalen Schraubstockhände an Unheil anrichten können ... Ich beuge mich jedoch dem Urteil, verkrümele mich in die nächstbeste Ecke und verstaue das gute Stück im großen Rucksack. Was bedeutet, dass ich ihn wieder halb ausleeren muss, damit ich den bestimmt 40 Zentimeter langen Bumerang auch sicher und mittig verstauen kann. Wehe, er überlebt nicht.

Ich passiere den Handgepäck-Check und schaue mich dann in den Shops im Sicherheitsbereich der Abflughalle um. Und was sehen meine trüben Augen? Bumerangs in allen Größen werden hier verkauft! Die man dann zwangsläufig mit ins Handgepäck nehmen muss, denn das restliche Gepäck ist ja bereits eingecheckt, wenn man in diesem Bereich landet. Nicht zu fassen. Nicht minder wundere ich mich darüber, dass hier in diesem tropischen Landstrich, genauer gesagt, gleich im Laden nebenan, klobige, dickfellige Winterstiefel verkauft werden. Die Händler wollen mich sicher nur auf die sibirische Kälte einstimmen, die mich in der Heimat erwartet. Sehr rücksichtsvoll! Ich widerstehe dem Angebot, checke aber trotzdem meine aktuelle Bargeldlage. Sieben Dollar und 35 Cent meldet mein Geldbeutel. Gutes Cash-Management! Beschwingt lasse ich die Münzen in die große Spendenbox gleiten, die in der Wartehalle steht. Mein bescheidener Beitrag zur Unterstützung sozialer Projekte in der Region.

It's boarding time. Ich hatte schon beim Erwerb des Flugtickets im Januar die Sitzplätze für alle Flüge gebucht. Das war ein kluger Schachzug, denn zumindest auf den Langstrecken ist es mir alles andere als egal, wo ich sitze. So komme ich heute wie auch bereits auf dem Hinflug von Hong Kong nach Australien wieder in den Genuss des großartigen Sitzes 30 C. Es ist ein Gangplatz in der ersten Reihe hinter der Wand, die die Holzklasse bzw. Economy Class von der davor gelagerten Business Class trennt. Ich habe nur einen Sitznachbarn am Fenster und massig Beinfreiheit. So lässt sich auch der vor mir liegende siebenstündige Flug gut aushalten. Sollten Sie zufällig einmal mit einem Airbus A 330 eine längere Strecke zurücklegen müssen, kann ich Ihnen diesen Platz mehr als wärmstens empfehlen.

Der Pilot gibt Gas. Wir preschen über die Startbahn und heben ab. Good bye, Australien. Danke für diese unvergessliche Zeit! Etwas wehmütig schaue ich an meiner Sitznachbarin vorbei auf die Küste und das Riff, das hier und da durchschimmert. Die nette Dame aus Hong Kong verhindert jedoch, dass allzu große Sentimentalitäten in mir hochsteigen. Sie spannt mich sogleich in ein angeregtes Gespräch ein, in dessen Verlauf ich das eine oder andere chinesische Schriftzeichen erläutert bekomme. Klingt alles ganz logisch, wie sie die einzelnen Bestandteile erklärt. Jetzt weiß ich immerhin, wie „bitte anschnallen", „hoch- und runterstellen" und „Unterhaltungsprogramm" auf Chinesisch geschrieben werden. Ich glaube, es war Kantonesisch und nicht Mandarin. Irrtum nicht ausgeschlossen.

Nach sieben Stunden Plaudern, Essen, Film ansehen, Lesen und Dösen lande ich um 20:45 Uhr Ortszeit in Hong Kong. Ich habe die Uhr bereits beim Abflug um zwei Stunden zurückgestellt. Mich trennen nun nicht mehr neun, sondern nur noch sieben Stunden Zeitunterschied von der Heimat. Hauptsache, ich habe die Nase noch vorne. Immigration, Gepäckausgabe, Warten auf den Shuttlebus, Fahrt in die Innenstadt und Einchecken ins Hotel sorgen dafür, dass ich erst um 23:30 Uhr erschöpft in meinem Zimmer aufschlage. Für Körper, Geist und Seele ist es indes schon zwei Stunden später. Jetzt aber schnell in die Federn! Halt, eine wichtige Sache muss ich vorher noch überprüfen. Hastig durchwühle ich den großen Rucksack und befingere den Bumerang. Er ist unversehrt! Uff. Beruhigt lasse ich mein müdes Haupt in die Kissen sinken und schlafe im Bruchteil einer Sekunde ein.

Hong Kong – Boxenstopp II

Marktszene in Kowloon

Hong Kong – Boxenstopp II

Sinnliches Straßenleben, ein Abend bei Freunden und Abenteuer Taxifahrt

Ah, ich habe richtig gut ausgeschlafen. Nach dem Frühstück marschiere ich energiegeladen die Nathan Road gen Norden hoch. Nach einer Weile biege ich nach rechts ab, um mich hoffnungsfroh ins Gewimmel des Ladies Market zu stürzen. Dort sind jedoch die Aufbauarbeiten noch voll im Gange. Ich frage in einem Laden, wann es denn losginge. Hm, ab 12 Uhr, eher 12:30 Uhr. Jetzt ist es erst 11 Uhr. Ich hätte meinen Reiseführer sorgfältiger studieren sollen. Nun, egal. Es gibt ja noch andere Ecken zu entdecken. Als ich die Straße überquere, kommen mir zwei Männer mit einer Sackkarre entgegen. Ein zwei Meter hoher Kartonberg thront darauf. Eine unachtsame Bewegung, und schon purzelt die komplette Ladung auf die Straße. Die beiden gucken sich an, brechen in lautes Gelächter aus und beginnen dann in aller Seelenruhe, die Kisten wieder aufzuladen. Der Autoverkehr fließt derweil unbeeindruckt um die beiden herum.

Einkaufen auf Hong Kong Island

Kein Stress, kein Gehetze, niemand hupt. Asiatische Gelassenheit. Ich bewundere das immer wieder. In Berlin wäre die Situation sicher anders ausgegangen.

Mein Weg führt mich durch die Shanghai Street. Dort jagt ein Haushaltwarenladen den nächsten. Ich staune Bauklötze über die fassgroßen Kochtöpfe, die hier verscherbelt werden. Wer braucht so etwas außer Restaurantbetreiber? Gedankenversunken schlendere ich weiter zum Jade-Markt. Dort wollen mir dutzende eifrige Händler ihren grünen Schmuck andrehen. Ich will aber nur schauen und wimmele alle ab. In der Reclamation Street werden mehrere meiner Sinne angesprochen. Fotos sind zu eindimensional, um die lebendige Marktatmosphäre angemessen abzubilden. Mit Worten will das auch nicht recht gelingen. Erst das Zusammenspiel von Optik, Akustik und vielfältiger Gerüche ergibt das Gesamtbild. Ein Rausch der Sinne.

Ich gönne mir eine Kaffeepause bei Starbucks. Dort gerate ich in eine interessante und kurzweilige Unterhaltung mit einem älteren Engländer, der mit strahlenden Augen einen Milchkaffee und ein fettes Stück Käsekuchen entgegen nimmt. „Mein erster richtig guter Kaffee seit Wochen", raunt er mir zu. Er setzt sich zu mir und plaudert aus dem Nähkästchen. Seit ein paar Monaten lebt er in Shenzhen, einer chinesischen Großstadt, an deren Universität er Englisch unterrichtet. Sein Dasein als Rentner in England war ihm einfach zu langweilig. In Hong Kong ist er für ein paar Tage als Tourist unterwegs. Anfang Dezember kehrt er für ein paar Wochen in seine Heimat zurück, um seiner Frau mal wieder Guten Tag zu sagen. Den Dozentenvertrag für das nächste Semester hat er aber bereits unterzeichnet. Er will wissen, was ich beruflich mache. Als ich ihm erzähle, dass ich mich umorientieren möchte, rät er mir, ebenfalls in China Englischunterricht zu erteilen. Englischlehrer werden wohl immer händeringend gesucht. Dafür müsse ich aber noch etwas üben, entgegne ich. Er winkt ab und meint, er habe schon Leute mit schlechterem Englisch als dem meinen unterrichten sehen. Mein Level wurde dicke ausreichen. Nun, Stefan, wie wär's?!?

Am Nachmittag lege ich einen kurzen Boxenstopp im Hotel ein und begebe mich dann in den belebten Untergrund. Die U-Bahn soll mich nach Hang Hau bringen, wo ich zu einem konspirativen Treffen abgeholt werde. Als ich am Fahrkartenautomaten ein Ticket erstehe, sprechen mich zwei verzweifelte Franzosen an. Sie flehen mich an, sie doch bitte zum U-Bahnsteig mitzunehmen, da sie nirgendwo ein Schild sähen, das ihre Linie mit den Endstationen anzeigt. Das mache ich doch gerne. Wir Europäer mit unseren oft verzweigten U-Bahnnetzen denken manchmal zu kompliziert. Hier in der oberen Etage ist tatsächlich kein Schild zu finden. Wozu auch? Die hiesige Station namens Jordan liegt lediglich an einer einzigen Linie. Man muss nur mit der Rolltreppe nach unten fahren und landet dann automatisch auf dem Bahnsteig. Links und rechts davon sind dann unübersehbar die beiden möglichen Richtungen ausgewiesen. So einfach ist das.

Nach dem zweiten Umstieg bietet mir ein jüngerer Mann seinen Sitzplatz an. Ob es daran liegt, dass ich hier, schon etwas vom Stadtzentrum entfernt, die einzige Nicht-Asiatin bin, oder ob ich einen solch altersschwachen Eindruck hinterlasse? Doch das ist mir egal, und so nehme ich den Sitzplatz in der vollen U-Bahn gerne und dankbar an. Wer wird denn einem Gentleman vor den Kopf stoßen wollen? An der Station Hang Hau steige ich aus und warte gespannt darauf, abgeholt zu werden. Da sehe ich auch schon den Wagen um die Ecke biegen und erkenne die Dame am Steuer auf Anhieb wieder. Heute bin ich bei Bekannten aus meiner saarländischen Heimat eingeladen, die ich seit mehr als zwanzig Jahren nicht gesehen habe. Ich freue mich sehr auf den Abend bei Anja und Michael in deren Zuhause! Jetzt ist es so weit. Bei Wein, Bier, Gegrilltem, Salat, Suppe und leckerem Gemüse verquatschen wir den Abend unter freiem Himmel auf der Terrasse. Die beiden leben seit rund neun Jahren mit ihren beiden Töchtern hier und fühlen sich in ihrer Wahlheimat sehr wohl.

Das strahlen sie auch aus. Ich verbringe einen wunderbar kurzweiligen, unterhaltsamen und lustigen Abend in ihrer Gesellschaft.

Upps, es ist dann doch recht spät geworden. Ich entscheide mich, den Rückweg in die Stadt mit dem Taxi anzutreten. Als ich versuche, mit dem Taxifahrer die ersten Worte auf Englisch zu wechseln, begreife ich schlagartig, wieso mir beim Check-In im Hotel ein merkwürdig anmutendes Kärtchen überreicht wurde. Darauf standen neben der Hoteladresse ankreuzbare Sätze wie „Bitte bringen Sie mich zum Flughafen/ zur Fähre/ ins Hotel etc.", jeweils auf Englisch und Kantonesisch. Dieses Kärtchen könnte ich jetzt dringend gebrauchen. Leider habe ich es bereits leichtfertig weggeworfen, weil ich es in die Kategorie „Blödsinn" eingestuft hatte. Ein Fehler, wie sich jetzt herausstellt. Nun habe ich den Schlamassel. Der Fahrer spricht kein Englisch. „Nathan Road", wiederhole ich verzweifelt. Mit großen Augen schaut er mich an. „Hong Kong Island?", fragt er? Aaarrggh, die Nathan Road ist eine der Hauptachsen in Kowloon. Dort und in den angrenzenden Straßen befinden sich die meisten Hotels von Kowloon, und praktisch alle Touristen wohnen dort. Die Straße MUSS er kennen. Aber er versteht eben absolut kein Englisch, Straßennamen inklusive.

Ich zücke meinen Schreibblock. In großen Blockbuchstaben schreibe ich den Hotelnamen und die genaue Anschrift auf, in der Hoffnung, er habe die stets auch auf Englisch beschrifteten Straßenschilder in der Innenstadt schon mal zur Kenntnis genommen. Er starrt verständnislos darauf. Sorry, bei den kantonesischen Schriftzeichen muss ich leider passen. Ich kenne bekanntlich nur die Zeichen für „bitte anschnallen", „hoch- und runterstellen" und „Unterhaltungsprogramm", gestern frisch auf dem Flug gelernt. Ich zeige auf sein Handy, in der Hoffnung, er möge doch jemanden in der Taxizentrale anrufen, damit die dann übersetzen. Gleichzeitig wiederhole ich mündlich noch mal ganz langsam den Hotelnamen. Seine Mine heitert sich schlagartig auf. Jetzt hat er mich verstanden. Ja, das Hotel kennt er. Prima. Von da an klappt der Laden. Nach einer schweigsamen, zwanzigminütigen Fahrt lande ich im richtigen Hotel. Ohne Umwege, soweit ich das erkennen kann. Alles wird gut.

Pralle Marktatmosphäre, Schwimmen mit Hindernissen und eine Symphonie aus Licht

An Fisch und Dim Sum zum Frühstück könnte ich mich glatt gewöhnen. Bei letzteren handelt es sich um frittierte oder gedämpfte Snacks, meist in Form von Teigtaschen mit Füllungen aus Fleisch, Fisch oder Süßem. Ich schlemme munter vor mich hin und beobachte die Szenerie um mich herum. Eine wilde Mischung von Touristen aus aller Welt, amerikanischen Geschäftsleuten und zwei

Kricket-Mannschaften in eindeutigem Sportdress tummelt sich hier im Hotel. Bei der Rückkehr in mein Zimmer fällt mein Blick auf die South China Morning Post. Dort prangt auf Seite Eins ein großes Foto des internationalen Kricket-Turniers, das an diesem Wochenende hier stattfindet. Unter anderem sind die Teams aus Australien, Neuseeland, Südafrika und Hong Kong am Start. Nach dem ersten Tag hat Hong Kong überraschend die Nase vorn. Mal sehen, wie die Chose heute endet. Mir dämmert, dass die Jungs vom Frühstücksbuffet eventuell kleine Berühmtheiten sind. Und ich Unwissende habe es versäumt, mir Autogramme zu sichern.

Tütenfische

Erst gegen Mittag nehme ich einen erneuten Anlauf, die Märkte Kowloons zu durchstöbern. Vorher läuft eh nichts, wie ich seit gestern weiß. Im vollen Bewusstsein, dass mich an einem Sonntag dort noch mehr Menschenmassen erwarten als unter der Woche, stürze ich mich ins pralle Leben. Dabei kommt mir jedoch der nicht zu unterschätzende Umstand zugute, dass ich die meisten Leute um ein bis zwei Köpfe überrage. So behalte ich souverän den Überblick und ergattere genügend Sauerstoff. Denn wie nicht anders erwartet, wuselt halb China und ganz Hong Kong durch die Marktstraßen. In manchen Straßen sind die Märkte spezialisiert auf bestimmte Produkte oder Lebewesen, zum Beispiel Vögel, Zierfische, Blumen, Klamotten und Elektronikwaren. Andere haben sich für eine Mischung aus allem Möglichen entschieden. Allen gemeinsam ist die fröhliche Betriebsamkeit, die Intensität der Düfte, der hohe Lärmpegel und das Prinzip, dass um die Preise gefeilscht wird.

Direkt hinter dem Vogelmarkt verläuft die Boundary Street, die die offizielle Grenze zu den New Territories darstellt. Ich mag Grenzüberschreitungen und wage mich auf die andere Seite, wo ein Wohltätigkeitsbasar stattfindet. Ob ich damit gegen die Einreisebestimmungen verstoßen habe, bleibt unklar. Da der Basar nicht besonders spannend ist, beende ich meinen Ausflug in die New Territories schon recht bald und trabe reumütig zurück zu den Märkten. Fasziniert betrachte ich die bunten Zierfische in ihren improvisierten Aquarien, auch als Plastiktüten bekannt. Leider verhindern borniert Regelungen im internationalen Flugverkehr, dass ich hier zuschlagen kann. Syndrom 9/11. 100 Milliliter Flüssigkeit gereichen dem Fischlein sicher nicht zum Überleben. Nun hat es der 11. September endlich geschafft, auch mich in meiner persönlichen Freiheit einzuschränken. In diesem Fall kann ich aber damit leben. Gerade so.

Mit einer Mischung aus Faszination und Grauen nehme ich die Garküchen näher unter die Lupe. Huch, da brodelt was im Sud, das aussieht wie ein Lungenlappen. Schaut irgendwie, hm, unappetitlich aus. Riecht auch so. Da kann ich gut daran vorbei gehen, ohne in Versuchung zu geraten. Die gegrillte Ente macht es mir auch nicht schwer, sie ohne aufkommende Futtergelüste links liegen, äh, hängen zu lassen. Sieht schon gruselig aus, so mit Schrumpfkopf und allem Drum und Dran. Spanente statt Spanferkel. Manche mögen das. Ich Weichei beschränke meine Experimentierfreude heute auf die Flüssignahrung und probiere ein Mango-Sato. Da die Verkäuferin kein Englisch spricht, kann ich im Vorfeld nicht abklären, was genau das ist. Es stellt sich als eine Art Wackelpudding in Form von kleinen Kügelchen raus, die in Mangosaft rumschwabbeln. Nun, man kann es trinken. Man kann es aber auch lassen. Lecker ist anders. Doch immerhin ist das Zeug gut gekühlt und löscht den Durst.

Nach drei bis vier Stunden habe ich genug vom prallen Leben und ziehe mich in die klösterliche Abgeschiedenheit meines Hotelzimmers zurück. Dort hält es mich jedoch nicht lange. Denn plötzlich fällt mir ein, dass es auf dem Dach des Hotels diesen kleinen, aber feinen Swimmingpool gibt. Das wäre jetzt was! Rasch umgezogen und hoch mit mir ins 21. Stockwerk. Dort gerate ich unverhofft in das Fotoshooting eines schmucken Hochzeitspaares. Verstohlen presse ich mich an der Wand entlang und verharre in Warteposition. Ein Hotelangestellter gibt mir zu verstehen, dass ich trotzdem ins kühle Nass steigen darf. Das Dach ist nicht für die Hochzeitsgesellschaft reserviert. Gut zu wissen, denn die Chose zieht sich eine Weile hin. Der Fotograf lässt das junge Paar ganz schön schuften und allerlei Dönekens aufführen. Die beiden nehmen es mit stoischer Ruhe und stabilem Dauerlächeln.

Im Pool selbst gerate ich in die Gesellschaft eines pubertären Jugendlichen. Er übernimmt sogleich das Kommando und gibt mir rechtzeitig ein Signal, wenn es Zeit ist, abzutauchen. Schnell die Nase zugehalten und Köpfchen unter Wasser! Auf den Hochzeitsfotos will uns sicher keiner haben. Nach einer Weile wird mir das Kommando-Tauchen zu anstrengend. Rasch und rechtzeitig bringe ich mich am Beckenrand hinter einem Pfosten in Deckung, wenn der nächste Schuss ansteht. Schließlich steht ja auch am Beckenrand ein Schild mit dem Hinweis „No diving". Nach weiteren 15 Minuten ist die groteske Show zu Ende. Den Feinschliff erledigt Photoshop. Ich ziehe unbehelligt meine Bahnen und genieße den Blick auf Hong Kong in der Abenddämmerung.

Am frühen Abend verlasse ich das Hotel noch einmal. Als ich unten in der Lobby aus dem Fahrstuhl steige, kommt mir eine fünfköpfige, übermütige Truppe im Sportdress entgegen. Einer der Kricket-Jungs reckt mir glücklich grinsend einen riesigen Pokal entgegen. „Offensichtlich habt ihr den Cup gewonnen.

Herzlichen Glückwunsch!", schmettere ich ihnen fröhlich entgegen. Sie bedanken sich strahlend. Doch der Fettnapf ist nicht weit. Mit traumwandlerischer Sicherheit tappe ich hinein. Die Farben der Trikots fehlinterpretierend, frage ich, ob sie das australische Team sind. Entschiedenes Kopfschütteln. „South Africa!", schallt es aus fünf Mündern gleichzeitig. Demütig entschuldige ich mich für das Missverständnis. Jetzt sehe ich einen der Jungs auch von hinten, wo es fett aufs Hemd gedruckt ist. Sie verzeihen mir großzügig grinsend und verschwinden im Fahrstuhl.

Schamgebeugt trete ich in die Anonymität der Nathan Road, die ich gen Süden entlang laufe. Unten am Hafen an der Südspitze Kowloons wartet ein Ereignis auf mich, das ich bisher versäumt habe. Jeden Abend um 20 Uhr findet hier die Symphonie of Lights statt. Die ohnehin beeindruckenden Lichter der Stadt bekommen für eine Viertelstunde Verstärkung. Mehr als 30 Wolkenkratzer auf Hong Kong Island werden per Laser, Farb-Scheinwerfer und Suchlicht passend zur Musik angestrahlt. Während dieser 15 Minuten komme ich aus dem Staunen nicht mehr heraus. Die Show und die Stimmung am Ufer sind einfach fantastisch! Spürst du den kalten Hauch des Konkurrenzdrucks, Manhattan?

Ein Shopping-Rückfall, chinesisches Alltagsleben und Cocktails mit Aussicht

The Escalator

Mit meiner Disziplin ist es ja so eine Sache. Ich hatte vor einigen Tagen heroisch einen Einkaufsstopp verkündet. Nun stehe ich im Esprit Outlet Store und werde von höheren Mächten gezwungen, Dinge zu erwerben. Ich erstehe drei T-Shirts zu einem Gesamtpreis, der mir in Berlin ein halbes bis dreiviertel T-Shirt beschert hätte. Der Rucksack wird es verkraften. Gewichtstechnisch ist eh noch Luft. Lediglich das Volumen beginnt zu schwächeln. Unten an der Uferpromenade von Kowloon stärke ich mich mit einem Moccachino, bevor ich mit der Fähre nach Hong Kong Island übersetze.

Für heute habe ich mir vorgenommen, auf dem Weg zu bleiben. Genauer gesagt, auf dem Weg 1, der in meinem Reiseführer beschrieben ist. Ich schlage eine Bresche durch den wuseligen Business District und mache es mir erst einmal bequem. Denn mitten im Bankenviertel beginnt am Central Market die berühmte Rolltreppe, schlicht Escalator genannt. Morgens von 6 bis 10 Uhr fährt sie von oben nach unten. Ab 10 Uhr bis Mitternacht bedient sie sinnigerweise die andere Richtung. Direkt daneben verlaufen Treppen zur Nutzung für diejenigen, die partout die Gegenroute einschlagen wollen oder müssen. Der Escalator wird an jeder Straßenkreuzung unterbrochen. Dort kann man sich beliebig im Straßengewirr links und rechts davon verirren oder die Straße überqueren und auf die Fortsetzung der Rolltreppe hüpfen. Bei dem Transportmittel den steilen Hügel hinauf handelt es sich also genau genommen um eine ganze Horde von Rolltreppen, die sich über geschätzte mehrere hundert Meter den Berg hinauf erstreckt. Ich kann es natürlich nicht lassen und fahre bis ganz nach oben auf die Mid-Levels. Dort bin ich schon auf der Höhe des Zoologischen und Botanischen Gartens, aber diese habe ich heute nicht im Sinn. Hui, ich bin ganz schön weit oben angelangt. Fasziniert beobachte ich das Verkehrs- und Einkaufsgewusel, bevor ich mich über die Treppen den Hang hinab kugele.

Wieder unten angelangt, schlage ich einen Haken nach links in die Hollywood Road. Dort drängeln sich Antiquitäten- und Trödelläden mit echtem und unechtem Mobiliar und Tand, teurem Zeug und billigem Kram. Nach einer Weile

Kunterbunte Warenwelt

taucht auf der linken Seite der Man Mo Tempel auf. Einst gab der berüchtigte Pirat Cheung Po Tsai seinen unseriösen Lebenswandel auf, trat in den Regierungsdienst und stiftete den Tempel. Er ist zwei Göttern geweiht: Man, dem Gott der Literatur, und Mo, dem Gott des Krieges. Ersterem huldigen Gelehrte und Beamte, letzterem Polizisten, Pfandleiher und Antiquitätenhändler. Was für eine krude Mischung. Im Tempel erleide ich akute Atemnot. Räucherstäbchen haben den Sauerstoffmolekülen den Garaus gemacht. Die großen Räucherspiralen, die von der Decke hängen, tragen auch nicht gerade zur Verbesserung des Raumklimas bei. Aber darum geht es hier auch gar nicht. In der Mitte jeder Spirale hängt ein roter Zettel, auf dem Wünsche notiert sind. Mögen die Botschaften die Götter erreichen.

Nach einem Schlenker über die Cat Street mit ihrem Flohmarkt folge ich weiter der Hollywood Road, die bald in die Queen's Road West übergeht. Dort wird es interessant, denn hier taucht man in das chinesische Alltagsleben ein. Fasziniert schaue ich mir die unzähligen Lädchen mit getrockneten Lebensmitteln – eine schlaue Art der Konservierung – an. Da hier die Ausländerquote gering bis nicht vorhanden zu sein scheint, ist hier nix mit zweisprachiger Beschriftung. So bleibt mir nur, zu raten, um welche Lebensmittel es sich jeweils handeln könnte. Ich bin sehr vertieft und wundere mich nach einer Weile, wieso die Sutherland Street, in die ich laut Wegbeschreibung rechts einbiegen sollte, noch immer nicht in Sicht ist. Ich stecke den Reiseführer weg und konsultiere den Stadtplan. Oh Schreck. So weit westlich bin ich offenbar geraten, dass die

hiesigen Straßen gar nicht mehr auf dem Stadtplan verzeichnet sind. Nun fällt mir auch auf, dass ich weit und breit die einzige Langnase unter lauter kleinen, wuseligen Chinesen bin, die offenbar alle wissen, wo sie hin wollen. Da dämmert mir: ich bin zu weit gegangen. Eine meiner Unarten.

Jardine Haus: Bullauge sei wachsam

Ah, dort drüben ist ein McDonald's! Hier wirkt der Laden auf bizarre Weise deplaziert. Ich erhoffe mir dort jedoch Leute hinter dem Tresen, die ein paar Brocken Englisch sprechen und mir weiter helfen können. Falsche Location. Die Tresenmädels starren mich nur fassungslos an. Bis eine sich aus der Schockstarre löst und den Chef ruft. Der spricht etwas Englisch und hilft mir aus der Patsche. Quer durch ein dunkles Gässchen finde ich meinen Alternativweg in die Des Voeux Road und bin wieder auf dem richtigen Pfad. Hier riecht es zwischenzeitlich sehr medizinisch. Aha, hier gibt es also nicht nur Futterware, sondern auch Gesundheitsförderndes im Trockenzustand. Noch interessanter wird es, als ich in die Bonham Strand West abbiege. Hier haben die Firmen ihren Sitz, die Abalone, Haifischflossen, Ginseng und Schwalbennester importieren. Hier glotzt man nicht nur auf die Fertigwaren in der Auslage, sondern kann auch einen Blick in die Arbeitsräume erhaschen. Dort wird fleißig sortiert, geschnitten und verpackt.

Ich schaue noch kurz rein in die hübschen Hallen des Western Market, die mit beeindruckender viktorianischer Architektur prahlen. Dann schleiche ich mit letzter Kraft zur U-Bahn-Station Sheung Wan und lasse mich ins Hotel zurück chauffieren. Fast sechs Stunden bin ich heute herumgelatscht. Kurz-Shopping inklusive. Den kurzen Rest des Nachmittags verdöse ich in der Horizontalen. Qualming-Socks-Syndrom. Wenig später bin ich zum Glück wieder fit. Mit Anja verbringe ich einen schönen Abend auf dem Dach der IFC Mall auf Hong Kong Island, wo eine schicke Bar die andere jagt. Wir sitzen zu Füßen des Two IFC Towers, dem zur Zeit höchsten Gebäude Hong Kongs. Stolz reckt es seine stattlichen 420 Meter Höhe und 88 Stockwerke in den Himmel. Wir sitzen draußen auf der Terrasse mit bunten Getränken, plaudern angeregt und genießen die fantastische, beleuchtete Kulisse der gegenüberliegenden Halbinsel Kowloon. Ein toller letzter Abend in Hong Kong!

Buddhas bis zum Abwinken und ein stilles Fußballspiel

Hong Kong meint es gut mit mir. Über Nacht gab es einen Temperatursturz, der das Thermometer auf 20 bis 22 Grad hinunter zwang. So kann ich mich in sozialverträglichen, gut verdaulichen Häppchen in Deutschland wieder eingliedern. Meinen letzten Tag verbringe ich etwas außerhalb der Innenstadt. Die U-Bahn bringt mich nach Sha Tin, in den New Territories gelegen. Dort warten Horden von Buddhas darauf, grenzenlos von mir bewundert zu werden. Zuerst jedoch lande ich in der Po Fook Ancestry Hall. Hier werden rund 40 000 Urnen mit der Asche Verstorbener aufbewahrt. Der Weg dorthin ist kurz, aber steil. Gute Buddhisten wählen den beschwerlichen Weg über die Treppen, da sie sich dadurch Verdienste für später erwerben. Faule Säcke wie ich nehmen die Rolltreppe.

Oben angelangt, wandere ich durch die recht weitläufige Anlage, bis Brandgeruch meine Aufmerksamkeit erregt. Ich folge dem dubiosen Duft und lande bei einer improvisiert aussehenden Blechhütte, vor der sich eine größere Gruppe von Leuten versammelt hat. Aus der nach vorne offenen Hütte dringt der Qualm. Irgendwas kokelt da vor sich hin. Und während ich mich – in Fragen der buddhistischen Todesrituale so gar nicht bewandert – frage, ob ich hier etwa

Tempel der 10 000 Buddhas

gerade einer Einäscherung beiwohne, verlässt die Menschenansammlung den Vorplatz. Als sie mich passiert, löst sich ein jüngerer Mann aus der Gruppe und kommt auf mich zu. „Du fragst dich bestimmt, was wir hier tun", konstatiert er lächelnd auf Englisch. Volltreffer. Ich muss offenbar wie ein lebendes Fragezeichen aussehen. Dankbar nicke ich und lausche gebannt seinen Erläuterungen. Hier wird keine Leiche, sondern lediglich Papier verbrannt, und zwar alles, was irgendwie mit dem Toten in Verbindung steht. Es ist ein Teil der Verabschiedungszeremonie. Ah, jetzt bin ich endlich schlauer.

Bei dem Tempel, den ich gleich aufsuchen werde, handelt es sich genau genommen um eine große Klosteranlage, in der fünf Tempel, vier Pavillons und eine Pagode untergebracht sind. Allerdings ist der Tempel der 10 000 Buddhas der unumstrittene Hauptdarsteller. Sein Name kommt nicht von ungefähr: zieren doch rund 13 000 unterschiedliche Buddhastatuen die Wände der Gebetshalle. Die Zahl 10 000 ist darüber hinaus die größte chinesische Zähleinheit, die zugleich „unendlich viel" bedeutet.

Genug der Bildung. Jetzt ist Körperarbeit angesagt. Ich lasse mich die Treppen herunter kullern und begebe mich auf den steilen Weg zum 1950 gegründeten Tempel der 10 000 Buddhas. Gerüchte besagen, dass 800 Treppenstufen vor mir liegen. Uff, selten habe ich so ein effektives Waden-Stretching durchgezogen! Doch die unzähligen, mannshohen Buddhas in den unterschiedlichsten Ausführungen, die zu beiden Seiten meinen Weg säumen, lenken mich von den körperlichen Anstrengungen erfolgreich ab. Alle möglichen menschlichen Emotionen spiegeln sich in ihren Gesichtern und Körperhaltungen. Ernst, Heiterkeit, Konzentration, Weisheit, Übermut, Achtsamkeit, Freude, Trauer und Verschmitztheit geben sich hier ein Stelldichein. Was für eine eindrucksvolle Versammlung! Meine Kamera, die sich schon auf dem Weg in den Urlaub wähnte, muss noch mal richtig ranklotzen. Als ich die letzten Stufen erklommen habe, bietet sich mir ein fantastischer Blick auf die Stadt und die dahinter liegenden Berge. Manche der Buddhas starren mit mir auf das Panorama. Andere sind mit spirituelleren Dingen beschäftigt.

Derweil verlangt mein Magen auch wieder nach einer sinnvollen Beschäftigung. Mit Freude nehme ich zur Kenntnis, dass es hier oben ein kleines vegetarisches Restaurant gibt. 18 Gerichte zu je rund fünf Euro werden angeboten, eine riesige Kanne Tee inklusive. Am ersten, zweiten, dritten und 15. Tag des Lunar New Year werden zehn Prozent des Preises draufgeschlagen. Kuriose Preispolitik. Ich wähle Gericht Nummer Sechs und bekomme ein köstliches Mahl aus gebratenen Cashewkernen, Tofu und Gemüse in einer zum Glück nur leicht scharfen Soße serviert. Ein sehr chinesisches Prinzip wird in diesem Restaurant allerdings durchbrochen. Ich muss vorab bezahlen. Normalerweise gilt: erst die

Leistung, dann das Geld. Selbst in der Tram. Dort steigt man hinten ein und zahlt erst, wenn man vorne wieder aussteigt.

Gut gesättigt, besichtige ich die Gebetshalle und wandele in heiterer Gelassenheit von einem Tempel zum nächsten Pavillon. Beglückt steige ich anschließend den Berg hinab und fahre zurück ins Hotel. Dort beschäftige ich mich wieder mit den irdischen Dingen des Lebens: Sachen packen und Auschecken. Zum Glück konnte ich gestern eine Fristverlängerung vereinbaren. So räume ich das Zimmer erst am späten Nachmittag. Die nette Dame an der Rezeption stutzt, als sie meine Unterlagen rauskramt. „Sie waren doch vor einer Weile schon mal hier", stellt sie fest. Richtig, so ist es. Ich bin sehr erstaunt, dass sie sich bei der Masse an Leuten, die hier täglich ein und aus geht, daran erinnert. Sie lüftet ihr Geheimnis. Um sich all die ausländischen Namen halbwegs merken zu können, bastelt sie sich phonetische Eselsbrücken. Bei mir ist es „teacher". So stellt sie sich die Aussprache meines Nachnamens vor.

Ich lasse meinen großen Rucksack in der Gepäckaufbewahrung und begebe mich in die Hotelbar. Dank meiner Buchung über das Internetportal meines Vertrauens komme ich in den Genuss von zwei Gratis-Drinks auf Kosten des Hauses. Ich mache es mir in einem der Sessel bequem. Mein Blick fällt auf den geräuschlosen Fernseher an der gegenüberliegenden Wand. Deutsche Bundesliga. Schalke gegen Leverkusen 0:2 in der 70. Minute. Die Namen der Spieler in chinesischen Schriftzeichen machen sich prima. Da! Kuranyi verkürzt auf 1:2. Was für ein reingepfuschtes Tor! Derweil sitzt Felix Magath mit dickem Schal um den Hals auf der Bank und beschäftigt sich intensiv mit seinem Taschentuch. Schweinegrippe? Isoliert den Mann, aber fix! Schwupps, 2:2 durch Sanchez. Ich bin weit davon entfernt, ein Schalke-Fan zu sein. Aber seitdem ich hier zuschaue, klappt der Laden. Abpfiff. Es bleibt beim Unentschieden. Und ich kann mich endlich in Ruhe dem Orangensaft und meinem Krimi widmen.

Während ich so da sitze, lese und trinke, muss ich zwischendurch immer mal wieder an die chinesische Sprache denken. Normalerweise bemühe ich mich immer, zumindest Tach, Tschüss, Bitte und Danke in der Sprache des Landes zu beherrschen, in dem ich gerade zu Gast bin. In Hong Kong habe ich versagt. Zu groß ist die Gefahr, durch falsche Aussprache aus der netten Begrüßung eine grobe Beleidigung der Mutter werden zu lassen. Oder so ähnlich. Ein Blick auf die Uhr sagt mir, dass die Abreise naht. Gepäck geschnappt, ab in den Shuttlebus, zum Flughafen gedüst, eingecheckt, unbeanstandet durch die Sicherheitskontrolle gestolpert – und schon ist es so weit. Gegen Mitternacht sitze ich im Flieger und trete die Heimreise an. Auch dieses Mal verhindert ein netter, gesprächiger Sitznachbar eine aufsteigende Abschiedsmelancholie. Der

Pilot gibt Gas. Ich werde in den Sitz gepresst. Schräglage des großen Vogels.
Kein Bodenkontakt mehr. Ich schwebe – auf Wolke Sieben – der Heimat entgegen.

Der Rückflug – Home Sweet Home

Hong Kong – Frankfurt. Die Boeing 747 wird während des nächtlichen Flugs
das eine oder andere Mal kräftig durchgeschüttelt. Mein Nickerchen wird
dadurch mehrmals unterbrochen. Aber Schlaf wird ja eh völlig überbewertet.
Zumindest bei Langstreckenflügen. Kaum haben wir die unruhige Flugphase
hinter uns, gibt es auch schon Frühstück – um 3 Uhr nachts, deutsche Zeit-
rechnung. In Hong Kong wäre es ein Spätstück um 10 Uhr. Nun, die Fluggäste
wollen schließlich in Ruhe auffuttern können, die Diener der Lüfte müssen den
Müll wegräumen, der Pilot will sicher landen.

Gegen 5:30 Uhr am frühen Morgen setzt der Vogel nach rund zwölfeinhalb
Stunden Flugzeit auf der Landebahn in Frankfurt auf. Ich drehe die Uhr um
sieben Stunden zurück und wage den Blick nach draußen. Es ist noch stockdunkel. November. Der Asphalt glitzert verräterisch verregnet. Mit meinem
Handgepäck bewaffnet, begebe ich mich zum vorderen Ausgang. Als sich vor
acht Wochen in Hong Kong die Flugzeugtür beiseite schob, war mir, als öffnete
ich die Backofentür, um nachzusehen, ob der Kuchen schon braun sei. Jetzt ist
es eher so, als öffnete ich den Deckel der Gefriertruhe, um zu checken, ob noch
ein Magnum Mandel drin liegt. Zum Glück habe ich vorsorglich ein dickes
Sweatshirt ins Handgepäck geschmuggelt. Auf den Schreck brauche ich erst
mal einen Kaffee. Ich entere einen Barhocker in dem winzigen italienischen
Café im Terminal. Während ein leckerer Latte macchiato durch meine Kehle
rinnt, betrachte ich durch die schützende Scheibe das erste scheue Aufblitzen
des Tageslichtes. Der Regen hat aufgehört und den Sonnenstrahlen den Vortritt
gelassen.

Frankfurt – Berlin. Pünktlich um 7:30 Uhr hebt der Flieger ab. Mit einem
Fensterplatz gesegnet, betrachte ich fasziniert den bunten Blätterwald, der sich
unter mir erstreckt. Der Herbst in Deutschland kann wunderschön sein! Ich
bekomme akute Lust auf einen Spaziergang im Wald und auf ausgelassenes
Blätteraufwirbeln. Nach rund einer Stunde befinden wir uns schon im Lan-
deanflug auf Berlin. Mein Herz schlägt schneller vor Freude und Aufregung. Es
regnet in Strömen. Es ist mir egal. Ich verlasse den Flieger, schnappe mir mein
Gepäck und betrete die Ankunftshalle. Dort steht Stefan mit einer roten Rose in
der Hand. Mit strahlenden Augen nimmt er mich in die Arme. Es ist schön, in
der Welt herum zu reisen. Und es ist schön, wieder zu Hause zu sein.

Epilog

Statistik ist langweilig? Kommt darauf an, wer sie fälscht und was drin steht.

Eine Frau.
Zwei Rucksäcke.
Drei Währungen in der Tasche.
Vier Zugfahrten genossen.
Fünf Bundesstaaten Australiens bereist.
Sechs Stunden Minimum Zeitverschiebung.
Sieben plus vier Hotels bewohnt.
Acht minus fünf Campingplätze behaust.
Neun Flüge angetreten.
Zehn Mal die Uhr umgestellt.
Unendlich viele schöne und unvergessliche Erlebnisse.

Doch nun genug mit der Zahlenwelt der Grundschule. Es gibt viel zu tun. Ankommen, durchatmen, akklimatisieren. Kulturschock überwinden. Begreifen, was in den letzten acht Wochen passiert ist. Das alles wird eine Weile dauern. Ich lasse mir Zeit. Ich habe so viel Schönes gesehen und erlebt. Zahlreiche Begegnungen mit Menschen aus verschiedenen Ländern und Kulturen haben mich bereichert und mir so manche Erkenntnis beschert. Das macht mich glücklich und dankbar. Und doch sind es vor allem zwei Dinge, die ich in meinem Herzen bewahren möchte: asiatische Gelassenheit und australische Leichtigkeit und Optimismus. „No worries!", sagen Australier bei jeder sich bietenden Gelegenheit. Da ist was dran.

DANKE!

Ich danke Australien, seinen Bewohnern, seiner Flora und seiner nicht immer harmlosen Fauna für eine unvergessliche Zeit.

Allen, die ich auf meiner Reise ans andere Ende der Welt traf und die mich mit ihrem Humor, ihrer Gelassenheit und oftmals erfrischend anderen Sicht auf das Leben bereichert, Zeit mit mir verbracht, gelacht, gestaunt und genossen haben und mir mit Offenheit begegneten.

Meinen drei großartigen Testleserinnen Birgit Mechtel, Tončica Radovčić und Ellen Vollbrecht-Wedemann, die mir und meinem Buchprojekt ihre wertvolle Zeit geschenkt haben. Eure aufmerksame und wohlwollende Kritik hat meinem Reisebericht mehr als gut getan.

Meinem Laptop, das mich immer treu und ergeben auf meinen Reisen begleitet. Dir habe ich es zu verdanken, dass ich meine Erlebnisse und Eindrücke gleich vor Ort schriftlich festhalten konnte.

Christine und Andreas Walter sowie dem Team der 360° medien gbr mettmann, die das Buch sowohl lektoriert als auch heraus gebracht haben. Ohne Sie würde es dieses Buch so nicht geben. Unsere Zusammenarbeit habe ich als offen und vertrauensvoll erlebt. Es hat mir sehr viel Spaß gemacht!

Meinen Leserinnen und Lesern. Ich hoffe, Sie mochten mein Buch.

Meinen Eltern Renate und Bernd Tesche. Dass aus mir eine selbstbewusste, eigenständige und weltoffene Frau geworden ist, verdanke ich euch. Es war sicher nicht immer leicht, mich meine bisweilen ungewöhnlichen Wege gehen zu lassen. Ich kann gar nicht genug wertschätzen, dass ihr mich bei meinen Plänen immer unterstützt habt.

Meinem Mann Dr. Stefan Tünnermann. Du hast immer viel Geduld und Verständnis für meinen Hang zu längeren Fernreisen bewiesen. Neben dem emotionalen konnte ich mich auch immer auf deinen fotografischen und technischen Support verlassen. Danke, dass du seit mehr als 22 Jahren dein Leben mit mir teilst. Ich möchte keinen Tag davon missen.

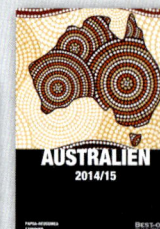